Fermín Bouza

CAMBIAR DE VIDA

Pautas para superar los conflictos y las crisis personales

vivir mejor

Fermín Bouza

CAMBIAR DE VIDA

Pautas para superar los conflictos y las crisis personales

temas de hoy.

Colección: VIVIR MEJOR

Paseo de la Castellana, 28. 28046 Madrid
Diseño de portada: Pep Carrió y Sonia Sánchez
Ilustración de portada: Ángel de Pedro
Primera edición: febrero de 1998
ISBN: 84-7880-897-3
Depósito legal: M. 1.102-1998
Compuesto en Fernández Ciudad, S. L.
Impreso en Lavel, S. A.
Printed in Spain-Impreso en España

ÍNDICE

1. Oportunidades vitales: aprender a renacer

«Las oportunidades vitales son... las posibilidades medibles de realizar las necesidades, los intereses, etc., dentro de un contexto social o en contra de él.»

(Ralf Dahrendorf)*

LAS ENCRUCIJADAS

Los *cruceiros* son crucifijos de piedra, elevados sobre un pilar y una peana o base, también de piedra, que se colocan en los cruces de caminos de la Galicia campesina y profunda, o en la Bretaña francesa: son marcas del camino que se hace encrucijada, y son lugares de oración, probablemente cristianizados a partir de usos paganos de las encrucijadas como lugares simbólicos de la propia condición humana, entre otros usos. Ante esos cruceros han reflexionado, rezado o llorado todas aquellas personas que han visto en esos lugares mágicos un punto de apoyo para

* *Oportunidades vitales*, Espasa-Calpe, Madrid, 1983, p. 79

sus problemas de difícil solución, para sus angustias, para sus soledades campesinas en medio de una naturaleza propicia al encuentro con uno mismo y con todas las fuerzas telúricas que nos rodean. Y así, en ese lugar de piedra y liquen, a solas con todo ese mundo interior y exterior, los hombres hacen algo muy necesario, se entienda o no desde una perspectiva religiosa: hablarse a sí mismos y reflexionar. Y esa acción pone en marcha mecanismos del alma que nos sitúan en una posición activa ante nuestros problemas. El mero hecho de hacer eso indica una decisión de resolverlos. Otra cosa es la elección de camino para hacerlo, la ruta que se va a seguir para salir de la encrucijada y recomenzar a andar por la vida y por el mundo. Éste es un libro de encrucijadas, un libro de caminos: no es un libro escrito para entretener, sino para preocupar. Y esta idea se la iré recordando al lector a lo largo de las páginas que vienen, porque lo que yo quiero es que se lea con esa actitud de búsqueda común (usted y yo) de esas reflexiones necesarias y de esos caminos de salida a los problemas, crisis, conflictos y encrucijadas en las que todos vivimos. Pero no es un libro de recetas: es un intento de aplicar conceptos científicos a problemas cotidianos cuya resolución entraña un uso importante de la inteligencia y de la voluntad. Tampoco quiere ser este texto una excursión dolorosa e inútil a supuestas profundidades de la mente que, probablemente, ni siquiera existen en los términos más habituales o populares.

El transcurso vital es una continua elección de caminos, con paradas temporales (a veces angustiosas) a pie de los cruceros, desde los que se miran los inicios diversos de las rutas y se sopesan las consecuencias de cada elección. Creo que fue Freud el que le dijo a una madre, que le pedía consejo sobre la educación de su hijo, que hiciera lo que hiciera se iba a equivocar. Freud le quería decir, probablemente, que la elección de una estrategia, incluso de una estrategia racionalmente fundada, no garantizaba el acierto. E incluso es posible que quisiera decirle algo más complejo: cualquier estrategia es demasiado simple para prevenir las complejidades vitales de un hijo, aunque, sin duda, hay estrategias más correctas, o inicialmente más correctas, que otras. Y recuerdo ahora esta anécdota al mismo tiempo que sigo con mi pensamiento en ese cruce de caminos, en ese crucero que señala el lugar de la duda y del recurso a la oración para salir del paso (para reiniciar el paso, realmente).

Este texto tiene la pretensión de ayudar a racionalizar nuestras conductas (las de ustedes y las mías, entiéndanse así estos plurales: porque este libro es una aventura común entre ustedes y yo) en situaciones de encrucijada, y para ello apoyaré mis palabras más directas con *fragmentos* de diversas historias robados aquí y allá, diarios o confesiones a las que doy forma literaria para favorecer la imaginación y para dar fluidez narrativa a un libro analítico. Inevitablemente, un texto así va a tomar, por momentos, un aire de sermón. Discúlpenme. Se lo volveré a recordar más adelante para volver a inducir en ustedes, los lectores, una actitud no parroquial, y así ir llevando las cosas por ese cauce que yo quisiera: una aplicación que quiere ser práctica de algunas experiencias y conceptos científicos bastante fundados y recientes. Y hacerlo, en lo posible, con la fluidez de un río claro, más que con la terquedad de una cascada interminable.

No hay que hacer un gran esfuerzo mental para recordarnos a nosotros mismos sentados en los escalones de la base del crucero en diversas etapas de la vida ya recorrida. Hacemos memoria y nos vemos dudando entre uno u otro camino, iniciando incluso los pasos por un camino y volviendo rápido atrás para retomar la duda a pie del crucero, o intentando otro camino distinto y acrecentando la duda y corriendo de nuevo hacia la base pétrea de ese monumento a la duda. Y ese movimiento forma parte de nuestro recorrido vital de forma tan necesaria y natural como tantas cosas que consideramos así, necesarias y naturales, de forma que no nos ofrece duda esa necesidad y esa naturalidad. Pero las encrucijadas las vivimos mucho más dramáticamente, y no las consideramos ni necesarias ni naturales. Pero lo son. El ser humano está sometido a un constante cambio en el exterior y en el interior, y esos cambios interiores y exteriores actúan los unos sobre los otros para situarnos con cierta frecuencia ante situaciones difíciles o muy difíciles, ante verdaderas encrucijadas vitales.

> Los cambios, los conflictos, las crisis o las encrucijadas no son accidentes del destino: forman parte natural y necesaria de la vida humana. Podemos, sin embargo, limitar sus peores consecuencias e incrementar las mejores.

Una persona media (sociológicamente), a la que voy a tomar como modelo en este libro de luces y de dudas, tiene a lo largo de la vida muchas encrucijadas de diversa trascendencia, y tiene muchas más oportunidades vitales de las que ella misma es capaz de aceptar como tales.

Una encrucijada es una situación más compleja de lo habitual en la que las personas deben elegir un camino vital entre varios posibles, y esta elección puede llevar consigo angustia y otros sentimientos difíciles de manipular por uno mismo.

> *Fragmento 1*: «Pero lo peor de aquella separación no era el hecho en sí mismo, sino toda la incertidumbre vital que arrastraba, porque yo podía entender las razones de Clara para finalizar aquel ciclo amoroso, y también podía llegar a pensar en soluciones justas y eficaces para ver regularmente a mis hijos, que era la cuestión más dolorosa, pero no podía pensar sin angustia mi nueva situación de hombre solo y hasta solitario, acostumbrado como estaba al bullicio de la casa. Y era esa situación de incertidumbre y encrucijada lo que yo sentía que se me iba de las manos. Y me sentaba delante de la ventana a mirar al mundo como el que mira algo absolutamente desconocido.»

Pero hay situaciones muy específicas en las que esas encrucijadas y esas oportunidades tienen una muy especial carga emotiva y, cómo no, angustiosa: separaciones de pareja o cambios de trabajo, pero también cosas como el cambio de ideas o de visión del mundo, crisis intelectuales, políticas, religiosas, crisis de edad, y tantas otras situaciones difusas en las que una llamada indefinible nos empuja a cambiar de vida. Y cambiar es entonces una necesidad para seguir viviendo. Pero no vale cualquier cambio: hay cambios ficticios que tienden a reproducir las situaciones, y hay cambios reales, pero lamentables, que no hacen otra cosa que empeorar nuestra existencia. Cambiar por cambiar, de cualquier manera, no es una garantía de resolución de nada, y puede ser un pésimo camino.

EL COMPLEJO DE AVE FÉNIX

Hace ya algunos años, cuando trabajaba regularmente en asesoría psicológica, decidí llamar complejo de Ave Fénix a ese regusto de muchas personas por una situación en la que es posible y deseable un renacimiento. Algunas llegan incluso a tener el deseo de la decadencia (o de quemar su nido tras haberse metido en él, como el Ave Fénix) para poder nacer jóvenes y nuevos: caídas del alma y del cuerpo que reclaman un renacimiento cargado de promesas: un cambio de vida. Quizá ésa sea la parte más sustanciosa de una crisis: la posibilidad de un renacimiento, porque la idea de renacer incluye una esperanza de cambio hacia adelante, de cambio resolutivo y satisfactorio. La idea de renacimiento está en nosotros para prevenir y anticipar las encrucijadas, en la certeza de que serán resueltas y superadas con esa estrategia de volver a nacer a la vida con otros supuestos vitales en algunas cuestiones conflictivas. Esa idea de renacimiento toma a veces la forma religiosa, cuasi-religiosa o para-religiosa, de las creencias en la reencarnación (muy frecuente en nuestras sociedades avanzadas), que tiene el inconveniente mental de aplazar la resolución de nuestros problemas a ese hipotético punto en el que nos reencarnamos en otro cuerpo. Pero el cuerpo y la mente, o el cuerpo y el alma, si prefieren esta expresión, caminan unidos: la una existe por el otro, y entre ambos hay un diálogo constante a lo largo de la existencia.

Pero hay que reencarnarse en uno mismo, que quiere decir cambiar dentro de nuestras posibilidades vitales y a partir de la aceptación plena de nuestra existencia en el mundo. La idea del renacer como alternativa a la melancolía vital de las encrucijadas aún no resueltas es la idea más positiva y poderosa que acompaña a las frustraciones y crisis vitales.

> *Fragmento 2*: «No era fácil para mí pensar en otra vida distinta a la de las rutinas de los últimos años, pero aún me quedaba (no sé cómo explicarlo) algo como una esperanza o unas ganas, o no sé qué, de renacer, de empezar, de salir a hacer algo tan absurdo como comprar ropa o arreglarme el pelo, cosas que yo pensaba al modo de una ducha del alma, símbolos de un algo que se movía dentro de mis angustias y que me mantenía viva: renacer, ésa era la palabra.»

Es un sentimiento al que hay que mimar y del que no hay que prescindir: siempre podemos renacer. Y es una idea y un sentimiento que están fundados en experiencias propias, recordadas o no. En algunas circunstancias, ciertas personas renuncian a la idea del renacimiento y el cambio, y entonces han perdido, y lo saben, la posibilidad de elegir algún camino. Se sientan melancólicamente al pie del crucero para sentir como imposibles todas las rutas que se les ofrecen para vencer a la encrucijada. El cierre de caminos es vivido como real, y se funda en datos reales o supuestos sobre uno mismo y sobre lo que nos rodea. Recuperar la idea de una vida renacida es recuperar la activación mental y física que toda persona necesita para poner los medios de un cambio de vida. Y esa recuperación pasa por un autoanálisis, con ayuda o sin ella, que nos permita situarnos otra vez en posición activa. Quizá una de las ideas negativas que contribuyen a cegar caminos es aquella que nos dice que, hagamos lo que hagamos, siempre nos vamos a equivocar.

¿SIEMPRE NOS EQUIVOCAMOS?

Si nuestra biografía es la historia de nuestras encrucijadas, también es la historia de nuestras malas o buena elecciones de camino. Siguiendo con la anécdota freudiana citada más arriba, y aplicándola al conjunto de nuestra vida, podemos decir que, hagamos lo que hagamos, nos acompaña, dulce o insidiosa, la sensación de que casi siempre nos equivocamos y de que si hubiéramos hecho otra cosa o elegido otro camino nuestra vida hubiera sido o sería mucho mejor. Como un sentimiento así no es corroborable, siempre resulta cierto. Y esa certeza de nuestro error es una fuente constante de incomodidad difusa bajo la forma de la angustia, la ansiedad, o cualquier otra.

La misma idea del error, tomada de manera absoluta, es injusta con nosotros mismos, porque todo supuesto error es también vida y experiencia para repetir o negar: parte de nosotros. Y hay que aprender a valorar todo supuesto error de tal manera que nos permita salir de él sin más culpa que la estrictamente real. Porque alrededor de nuestros supuestos errores elaboramos toda una filosofía que, en muchos casos, es más destructiva que el mismo error. Si esta idea del error se da en una persona insegura (y esto es muy frecuente), se convierte en una fuente de angustia y desolación que incrementa la inseguridad y convierte a los problemas en algo mucho más grande de su tamaño real. Por eso, racionalizar la idea del error es algo muy necesario en las situaciones de encrucijada. No es fácil: hay un sentido dramático de la existencia individual, muy frecuente en nuestra cultura, que hace muy complicado para uno mismo entender su propia vida desde un marco o encuadre interpretativo en el que el error no sea el producto lógico de nuestra torpeza, sino el resultado de movimientos vitales, quizá necesarios, que sin embargo no nos han resultado satisfactorios.

No siempre nos equivocamos, e incluso puede decirse, muy en general, que somos bastante buenos gestores de nosotros mismos. «Bastante buenos» es una expresión que deja, sin embargo, un espacio a cubrir entre ese ambiguo «bastante» y la rotundidad de decir «buenos», a secas. El objetivo máximo de estas líneas es conseguir una mejora sustancial en la gestión de nuestra vida, en particular de aquellos momentos de nuestra vida en los que no sabemos qué hacer de nosotros: las encrucijadas, con esa angustia añadida de ser conscientes de que es necesario optar por una posición vital activa y ponerse a elegir una modalidad de cambio de vida entre varias posibles.

APRENDER A RENACER

Todo cambio puede entenderse como un renacimiento, y todo renacimiento entraña un cierto regreso formal a ciclos postnatales, es decir: un reaprendizaje de la vida, más breve que el inicial, pero aprendizaje al cabo. Y los aprendizajes hay que hacerlos con cierta ayuda exterior (psicólogo, psiquiatra, persona de confianza...), aunque en casos excepcionales podemos bastarnos a nosotros mismos. A veces, incluso, «debemos» bastarnos a nosotros mismos.

Renacer, por tanto, lleva consigo un trabajo, o dicho en otros términos: una posición activa.

Posición activa es la disposición de una persona a realizar las cosas racionalmente necesarias para afrontar una situación.

> *Fragmento 3*: «Lo que más me costaba era ponerme a hacer lo que pensaba, como si unos grilletes me ataran el alma y me clavaran al suelo de una realidad que era el testigo de mis pequeños y grandes problemas vitales. Y entonces me imaginaba a mí misma rebuscando una llave en el fondo de mi cerebro y usándola para abrir muy lentamente aquellas cadenas. Pero cuando las abría y me ponía en pie, iniciaba el paso y me iba encontrando más y más segura, y tomaba algunas decisiones mínimas, o máximas, y me sentía poco a poco dueña de mis actos y capaz de hacer algo por mí misma y para mí misma.»

No siempre tenemos una posición activa. Más aún: buena parte de nuestros errores vitales más reales tienen que ver con esa falta de disposición para la acción. Hay muchas personas que buscan motivos para activar esa disposición en una fuente externa: un psicólogo, un psiquiatra, o cualquier persona de confianza. Es un camino para romper la pereza, pero a veces podemos vencerla nosotros mismos.

Para activar esa disposición para la acción hay que sopesar racionalmente las ventajas de quedarnos clavados en el camino frente a las ventajas de afrontar la elección, el renacimiento y el aprendizaje. Una actitud así, aunque pudiera no ser eficaz en primera instancia, y fracasar por el conjunto de cuestiones emotivas que nos hacen incapaces de discernir en esas situaciones, pone en marcha nuestra voluntad, y ese hecho simple es ya un avance en medio de las dificultades presentes.

> Una actitud racional es aquella que sopesa los factores que entran en juego en una elección antes de realizarla. La acción por la acción es una forma de irracionalidad.

Fragmento 4: «A pesar de mi voluntad de hacer algo y de hacerlo bien, me pasé algún tiempo iniciando movimientos absurdos que me llevaban a nuevos movimientos absurdos y que me agotaban sin conducir a nada eficaz. Cuando fui consciente de esto estuve a punto de hundirme (definitivamente, pensaba), pero creo que fue mi voluntad o mi costumbre de analizar las cosas, y también mi decisión de hacer algo para salir de la situación, lo que hizo que me tranquilizara y midiera mis pasos y mis movimientos para darles un sentido claro en la estrategia de cambio que ya había iniciado.»

Pero no todas las personas consiguen una actitud racional: unas, por precipitación, y otras por demora permanente de la decisión: son formas habituales de la irracionalidad que hay que eludir. Pero no es fácil. La adopción de una actitud racional no es un hecho instantáneo que se produzca milagrosamente con sólo intentarlo: la adopción de una actitud racional implica una permanencia en la posición activa, y un trabajo insistente en esa línea de búsqueda. Y entonces se va instalando en nosotros, lentamente, esa capacidad de evaluar la situación, esa capacidad de discernimiento que define a la racionalidad.

Para aprender a renacer hay que activar la voluntad de hacerlo: nadie puede sustituirnos en esa última decisión de hacer lo que hay que hacer o de tomar una posición activa. Ningún apoyo externo puede sustituir a esa decisión autónoma de hacer algo por uno mismo.

ACEPTAR EL DESORDEN, UN PRIMER PASO

Un conocido científico social, Paul Watzlawick, escribió un libro con el título *¿Es real la realidad?** («lo que llamamos realidad es resultado de la comunicación», dice. Retomaremos el tema de la realidad), y quizá sea ésa la pregunta más pertinente cuando una persona se enfrenta a una encrucijada, a un cambio de vida, y los datos de su mundo se desordenan, y todo parece desestructurarse. Esta sensación de desorden vital suele ser un estímulo para volver atrás más que para renacer, renovarse y cambiar. El mayor obstáculo para un renacimiento es el miedo al desorden que todo cambio lleva consigo en un primer momento. Pero el desorden es un paso necesario, y no se le puede temer hasta el punto de bloquearnos en nuestra posición activa. El desorden es la señal del cambio, y como tal produce angustia y puede invitarnos a un retroceso vital más que a un avance, y en este sentido es en el que hay que estar preparados para aceptarlo y para superarlo hacia adelante, como una invitación positiva a ese cambio que el propio desorden hace necesario.

* Herder, Barcelona, 1979.

El desorden del mundo o de la realidad del que aquí se habla es una fase normal de cualquier momento crítico de la vida, de cualquier encrucijada, cambio o renacimiento. Y hay que aceptarlo como normal.

Fragmento 5: «Lo primero que se me ofreció a los ojos y a la sensibilidad fue un caos en el que las cosas y las personas significaban para mí algo muy distinto a lo que significaban unos días antes. Las cosas, las personas, las calles, las luces, las palabras, el tiempo, el espacio, todo era una niebla, una indiferencia, un desorden, y yo era una exploradora desganada entre los árboles de una selva que no tenía ningún sentido o tenía alguno nuevo que no me tranquilizaba.»

Pero siendo normal el desorden, solemos percibirlo como un grave síntoma de nuestra falta de control de la situación y, como tal, se constituye en una fuente de angustia que no hace otra cosa que incrementar el mismo desorden y tirar de nosotros hacia atrás, hacia una posición pasiva o un regreso a ciclos anteriores de nuestro desarrollo como personas, frustrando el cambio.

Quizá no es fácil aceptar el desorden como algo normal, acostumbrados como estamos a hacer de nuestra vida una lucha continua a favor del orden de las cosas («cada cosa en su sitio», decimos). Y cuando las cosas se mueven de su lugar habitual, y nuestras ideas y percepciones se hacen confusas, y el mundo se nos hace opaco y desordenado, entonces somos incapaces de gestionar ese desorden y volvemos de una gran zancada a actitudes inmaduras, infantiles y temerosas. Son las «regresiones», en las que adoptamos de nuevo ideas y conductas de otras etapas vitales, y en las que damos un paso atrás (o muchos pasos atrás) en nuestra relación con el mundo. La regresión es una de las peores amenazas en una situación de crisis.

REGRESAR AL PARAÍSO PERDIDO

Volver atrás tiene el encanto de lo conocido, del afecto seguro de los nuestros y de la paz del punto final. Y entonces es como si cesara el combate de la vida y el mundo se resumiera en el afecto de la madre o de quien la represente, o del padre o su sucesor psicológico. Así, nuestros próximos, familiares o no, son exigidos en su afecto incluso más allá del que nos pueden dar («me fallan los amigos», llegamos a decir). Pero ese regreso a sentimientos primarios y tribales, rodeados del ritual afectivo de la familia o los amigos, es una muerte anticipada y una defensa contra lo que tenemos delante: la vida misma. Como otras muchas trampas mentales, la regresión también tiene sus ventajas inmediatas, porque si no fuera así no la adoptaríamos: reduce nuestra angustia, nos devuelve algún orden y alguna seguridad, y a cambio de eso nos anula en nuestra evolución vital y, al cabo del tiempo, nos devuelve todos los problemas corregidos y aumentados. Como todas las conductas-trampa, acaba pasando una grave factura mental y reduplicando nuestros problemas.

Una tentación así, que es en realidad una rendición, es la opción más a mano y más destructiva, aunque a veces pueda ser razonable y necesario pedir esa ayuda y vivirla razonablemente. Pero en general es un regreso a la sobredependencia vital de la infancia, esa etapa provisional en la que casi todo nos viene dado. Y los que nos rodean se transforman en matronas simbólicas con grandes ubres nutricias para nuestras necesidades de dependencia. Así, el trato con la mujer o el hombre vuelve a éstos, muy a su pesar, estatuas de nuestro museo afectivo o regresivo. Ellos no lo saben, pero nosotros los usamos de esa manera que consiste en integrarlos en un proceso regresivo a la conquista de nuestra infancia. Y no pueden esperar actitudes maduras o adultas de nosotros: deben cumplir ese papel de dar testimonio de nuestra voluntad de regreso, de nuestra voluntad de infancia, dependencia y duelo por la vida perdida. Y deben soportar nuestro llanto mental o real, y estar preparados para amamantar nuestra dependencia.

Llevar las actitudes regresivas a la vida de pareja (y esto es muy habitual) lleva consigo la recuperación de los afectos o desafectos de la infancia a través de nuestro compañero o compañera, a la que tratamos como a nuestro padre o madre o hermanos o amigos o lo que sea. Y así, nuestra pareja se ve obligada a asumir un nuevo papel, que le resulta insoportable y agotador. La adopción de actitudes de esta clase es muy frecuente y muy negativa.

> Regresar o regresión es el término que utilizamos para denominar esa actitud de recuperación negativa del pasado que a veces adoptamos para huir del futuro y de la posición activa.

Fragmento 6: «Durante un tiempo convivieron en mí sentimientos muy contrarios, y las ganas de luchar y de organizar mi vida se vieron neutralizadas por los buenos cuidados de mi madre, que tanto le agradecía, y que me devolvieron a momentos anteriores que me tranquilizaban. Así, cuando ella entraba en la habitación con la bandeja del desayuno, y me despertaba y me miraba hasta que yo, al fin, me sentaba y me hacía cargo del café y las tostadas calientes, entonces era como si mi vida no hubiera existido en ese ínterin entre mi marcha y mi regreso.»

Ese paraíso regresivo es un infierno privado en el que retozamos con nuestras frustraciones sin desear siquiera el regreso a una posición activa que no nos va a traer más que la posibilidad de acceso a un mundo nuevo y desconocido que no nos tranquiliza.

Pero a pesar de sus desventajas, el regreso tiene el atractivo de una supuesta ausencia de conflicto. Con el tiempo, sin embargo, esa ausencia de conflicto va a irse convirtiendo en el gran conflicto, porque nuestros problemas no han desaparecido, apenas han sido arrullados, momentáneamente, por esas figuras protectoras a las que hemos regresado. Y la frustración que genera nuestro estancamiento vital, así como la imagen de inutilidad que nos devuelve el espejo, nos van empujando hacia reacciones anómalas de tipo patológico: el cómodo regreso pasa su dura factura anímica y el mundo se nos cierra alrededor de nuestros fantasmas mentales. Somos una caricatura de nuestros deseos: el que vuelve la cabeza para mirar atrás se convierte en estatua. Pero hay opciones mejores para nuestras encrucijadas.

MIRAR AL HORIZONTE Y ELEGIR EL CAMINO

Si vencemos la tentación de recrear el pasado, y renunciamos a volver sobre nuestros pasos, nos queda el horizonte, siempre angustioso, para comenzar a andar hacia él por el mejor camino posible.

«Siempre angustioso» quiere decir que no hay mirada hacia adelante, y menos en una situación de conflicto, que no nos devuelva la incertidumbre del futuro. Esa angustia, vivida desde la racionalidad del que sabe lo que hace, puede contribuir a la activación de nuestra mente hacia ese horizonte cuya primera promesa puede ser la misma desaparición de la angustia. Si hubiera que resumirlo en una frase clara, yo diría que:

> La solución, muy genéricamente, es siempre una integración de los datos vitales del pasado en un proyecto de futuro.

> *Fragmento 7*: «Pero poco a poco iba consiguiendo llenar el supuesto vacío de aquellos años con análisis que creo que eran racionales, o al menos era ésa mi intención, y que fueron dándole un sentido a aquel tiempo que, ahora lo sabía, no era un tiempo perdido, sino que estaba lleno de mis deseos y mis esperanzas, por más que los unos y las otras me parecían ahora un tanto desmesurados y absurdos. Quizá no lo habían sido en su momento, y eso era lo importante. La mirada de hoy sobre el pasado estaba un poco deformada por mi supuesto fracaso, pero también eso estaba empezando a controlarlo con un nuevo escepticismo hacia mi propia percepción de ese pasado.»

Porque el pasado no es necesariamente un dato regresivo: puede ser usado para avanzar, lo mismo que el error. Y todo ello puede ser convertido en combustible de esa voluntad decidida a adoptar una posición activa para resolver la encrucijada desde la racionalidad. Recuperar positivamente el pasado es, en la práctica, recuperar críticamente nuestra propia historia, reinterpretarla hacia el futuro y servirnos de ella para conocernos mejor y usar mejor nuestros recursos. Porque nuestros recursos del espíritu, igual que nuestros recursos materiales, no son infinitos.

> Conocer nuestra historia o reflexionar sobre nuestro pasado nos enseña nuestras posibilidades y limitaciones. No podemos hacer planes de futuro a partir de una equivocada valoración de nuestros recursos.

Fragmento 8: «Alguna ventaja tenía aquel repaso de mis días supuestamente perdidos, porque haciéndolo fui entendiendo algunas cosas de mi carácter sobre las que nunca había pensado. Es cierto que todo puede cambiar, también mi carácter, pero me parece que es mejor que acepte ciertas limitaciones en ese carácter si no quiero estrellarme. Empiezo a saber cómo soy, y eso me ayuda. Algunas cosas podría cambiarlas con una operación de voluntad, pero otras creo que me van a acompañar para siempre.»

RENACIMIENTOS Y METODOLOGÍAS

Las dificultades para adoptar estrategias racionales de cambio no vienen sólo de los obstáculos emocionales y materiales que la nueva situación nos crea o nos evidencia. Hay también, y actúa con mucha intensidad en bastantes personas, ciertas formas de intentar resolver los problemas que podríamos llamar irracionales, tal como lo hicimos más atrás hablando de estas mismas cosas. «Irracional» no tiene por qué ser un concepto necesariamente peyorativo, porque a veces significa ensayar nuevas vías o caminos para buscar nuevas cosas: en literatura, por ejemplo, o en las artes plásticas, o en otros contextos, lo que llamamos irracionalidad pudo y puede cumplir un importante papel. No voy a pasearme por este jardín tan teórico para no introducir demasiadas consideraciones complejas, pero quiero hacer constar que, de momento (y sólo de momento), el uso del término «irracional» y sus derivados va a ser de tipo negativo, y va a significar algo así como toda acción que está fundada en creencias o costumbres contrarias a la razón analítica o científica. Esto puede resultar chocante aplicado a la conducta espontánea de los hombres, que no son científicos de laboratorio ni ajustan sus actos a criterios de cientificidad. Bien, esto es cierto, pero también lo es que:

> Muchas de nuestras conductas están regidas por creencias o costumbres que nunca hemos reflexionado o criticado, y que nos llevan a errores vitales evitables si revisamos tales creencias o costumbres.

Aprender a renacer pasa, frecuentemente, por un cambio en esas creencias y costumbres. Un «cambio metodológico», por decirlo con palabras ambiciosas que buscan darle a estas situaciones la importancia que tienen: son situaciones que requieren un uso intensivo de la razón y un planteamiento casi científico de nuestros actos. «Es como si alguien acostumbrado a transportar sacos de patatas tuviera que transportar un valioso jarrón chino» (son palabras de alguien en una encrucijada), y pretendiera hacerlo con los mismos métodos. Sólo en ese sentido introduzco aquí esas palabras tan aparentemente pretenciosas. En el capítulo que sigue voy a hablar de métodos, porque con frecuencia no nos falla la intención, incluso somos capaces de mantener una posición activa, una voluntad, pero tropezamos en los caminos que elegimos para salir de la crisis.

> *Fragmento 9*: «Es como si alguien acostumbrado a transportar sacos de patatas tuviera que transportar un valioso jarrón chino. Así me sentía yo manejando mis propios sentimientos en aquel desorden de mi vida, y sentía cómo mi buena voluntad se enredaba en todos los obstáculos, y cómo el jarrón volaba y yo conseguía cogerlo a duras penas, y cómo en esta operación me hacía daño, y a pesar de ello volvía a intentarlo. Tenía la obsesión de renacer, y me parecía una buena obsesión.»

Hablar de métodos aquí (y la palabra «método» quiere decir, en su origen griego, «camino hacia») es hablar de los procedimientos para salir de una situación en las mejores condiciones, y es, por tanto, etimológicamente, hablar de cómo elegir el mejor «camino hacia» en una encrucijada concreta. Decía al principio de este texto que hay muchas clases de encrucijadas, y sin embargo yo debo moverme en un nivel general que hable de todas y de ninguna, y debo elegir un método que sirva para mejorar la resolución de todas las encrucijadas. Esto es posible porque:

> Todas las encrucijadas tienen elementos comunes en su estructura como encrucijadas: un conflicto, un desorden, una duda, una posición activa o pasiva, una posibilidad de regresión, una posibilidad de renacimiento, etc.

Y, como todas las encrucijadas son, en cierto modo, iguales, permiten también un tratamiento genérico similar. Los fragmentos que aparecen en el texto son de encrucijadas distintas, aunque la similitud de sentimientos no permita, a veces, saber si se trata de una separación, una crisis profesional, una crisis de edad, o cualquier otra cosa. Pero eso tiene sus ventajas, porque no limita nuestra lectura a nuestro caso: el elemento genérico de la encrucijada nos permite estar siempre dentro del texto. A los fragmentos se les ha dado un tratamiento literario: cualquiera puede reconocer estas narraciones en su propia experiencia o en la experiencia de otros. Son narraciones prototípicas de personas en crisis, y en ese sentido nos deben servir de ayuda para organizar en palabras nuestras propias experiencias, saber darles una forma narrativa que nos permita comunicarlas en mejores condiciones. Quizá una de las dificultades más desesperantes para una persona en crisis es la de su incapacidad para darle forma verbal a sus sentimientos: los fragmentos quieren ser también un estímulo en este sentido.

> Si podemos organizar con orden el relato de nuestros sentimientos, y podemos comunicarlos expresiva y claramente, una parte de la angustia de la situación puede liberarse en ese relato ordenado y claro.

Por eso es tan importante buscar y encontrar modelos narrativos para la expresión personal: los fragmentos quieren ser un estímulo en ese camino de búsqueda de una expresión ordenada y clara de nuestros sentimientos. La adquisición de modelos narrativos eficaces ayuda a organizar nuestras ideas: tiene una influencia directa sobre nuestras capacidades cognitivas o de conocimiento. No es sólo una cuestión estilística: atañe a la misma raíz autorreflexiva en la que se organizan las ideas, no sólo las palabras. O dicho de forma muy clara: hablar bien ayuda a pensar bien, y el orden de las palabras induce también, en parte, un orden cognitivo.

2. El complejo de Obelix

LA COSTUMBRE DE MENTIR(NOS)

Cuando una acción nos da un resultado positivo tendemos a repetirla, y cuando no es así tendemos a anularla de nuestro repertorio de acciones. Esto que digo es una constatación bastante fundada en hechos, pero una constatación así de lo que realmente ocurre no tiene por qué definir lo que debe ocurrir. Y así, a veces perduramos en acciones nefastas para los intereses de nuestra autonomía y, sin embargo, anulamos acciones muy positivas para nosotros. La costumbre que tenemos de establecer relaciones causales (frecuentemente infundadas) entre nuestra acción y sus supuestos resultados hace que hagamos una selección de nuestras conductas muy arbitraria. O dicho sencillamente: entre nuestras acciones y sus supuestas consecuencias no hay, frecuentemente, ninguna o casi ninguna relación. Estoy refiriéndome a acciones complejas y a conductas complejas. Evidentemente, si metemos la mano en la sartén, nos quemamos. ¿Pero qué ocurre cuando tratamos de usar esa quemadura para

— conmover a alguien
— culpar a alguien

— cambiar la cocina
— cambiar de aceite
— comprar sartenes
— pedir una baja laboral?

O cualquier otra cosa de las infinitas que podemos hacer, intencionalmente o no, para explotar el hecho e integrarlo en nuestra secuencia vital. Vamos a suponer que hemos metido la mano en el aceite en un movimiento involuntario nacido de un despiste provocado por el timbre del teléfono, que acaba de sonar. A pesar de la quemadura, vamos hacia el aparato porque estamos esperando una llamada importante. Podría ocurrir un diálogo así:

—¿Eres tú?, ¡me acabo de abrasar con la sartén, dios mío!

—Cómo eres, Elisa...

—Vete a...

Y cuelga. Lo que acaba de ocurrir entre una novia y su novio en vísperas de su compromiso definitivo es un incidente muy habitual en la comunicación cotidiana. Para justificarse (ambos) de sus errores de comunicación van a recurrir a imputaciones o atribuciones causales erróneas:

> Una imputación causal errónea es el mecanismo más habitual con el que contamos para desconocer crecientemente la realidad, para salvar nuestra imagen, para mejorar una situación o para culpar a los demás, entre otras cosas. Es una forma de magia de gran importancia en nuestra vida.

Y siguiendo esta lógica, tan habitual, podemos imaginar una nueva conversación, aunque esta vez de reconciliación:

—Perdóname que te haya colgado, corazón, pero estaba llena de dolor.

—No te preocupes por eso y perdóname tú a mí por hacerte un reproche en esos momentos.

—Olvídalo. La culpa es de la puñetera sartén, que se me puso delante.

—Es que las sartenes son peligrosísimas.

—Peligrosísimas.

¿Qué ha ocurrido aquí? Bien, han ocurrido muchas cosas, y nos podríamos pasar toda una vida analizando estas secuencias desde mil perspectivas. Pero desde nuestros intereses de las «imputaciones causales erróneas» podemos observar cómo una acción verbal determinada (culpar al dolor y a la sartén de una conducta como colgarle el teléfono al novio) conduce, entre otras cosas, a la reconciliación. Pero si en lugar de optar por esa acción verbal se opta por esta otra:

—Te llamaba para decirte que eres un tipo bastante siniestro que ves a un moribundo en la calle y en vez de ayudarlo le reprochas su triste vida. Hay palabras más gordas para llamarte, pero me las voy a callar en nombre de los años que llevamos esperando a que tengas dinero para pagar un piso y casarnos... aunque con un tipo así...

Si se opta por esto, las consecuencias no van a ser, de momento, una reconciliación. Y desde este punto de vista la primera acción verbal es más razonable. Pero no más cierta, y elude las causas más conflictivas del desencuentro, aunque la quemadura también haya colaborado como causa inicial. Una opción así puede ayudar a vivir el día a día, pero no ayuda a mejorar la relación o la comunicación. En todo caso, está basada en una «imputación causal errónea». ¿Pero qué interés puede tener tan largo exordio o rodeo para los objetivos de este libro? Voy a ello.

Hablaba líneas atrás de «magia», y ésa es la cuestión central. Una cuestión que nace de otra anterior, a la que llamamos «metodología». Voy a hablar de magia y metodología, porque la forma más inmediata o espontánea que tenemos de abordar una encrucijada es parecida a la anécdota anterior: es mágica.

A LA BUSCA DE LA POCIÓN MÁGICA

> «¿Cuántas veces hay que decirte, Obelix, que tú no necesitas tomar la poción, porque cuando eras pequeño te caíste dentro de una olla llena de ella...?: ya sabes que los efectos de la poción son permanentes en ti.»
>
> (De *Asterix y los godos*)

Un tipo de conducta crecientemente habitual en las encrucijadas es consultar horóscopos, visitar adivinos, implorar al más allá, creer en el Destino del hombre, pesquisar bibliografía catastrófica, echar la culpa de todo a una persona, al Sistema, al Gobierno, a la Hipocresía Humana, o bien deambular en busca del amigo perfecto, de la amiga perfecta, del fármaco perfecto. De todo lo que nos pueda apartar de la posición activa, de la racionalidad y de la decisión. De la misma forma que hacemos atribuciones o imputaciones causales erróneas para huir del conflicto, hacemos también toda clase de conductas mágicas para huir de la asunción plena del problema. Y puestos a bautizar conductas, podemos llamar «complejo de Obelix» a este deambular a la busca de la pócima mágica o a esta elusión de la razón. Es evidente que el tal complejo parece convertirse a veces en una auténtica epidemia social, una pandemia que llega hasta las mentes más lúcidas.

> Una conducta mágica es la que elude afrontar una situación y sustituye la posición activa real por una pseudo-posición activa que explora toda clase de acciones encaminadas a conseguir, en forma de ayuda externa no muy racional, la sustitución de la propia acción del sujeto.

Fragmento 10: «Unas expectativas desmesuradas me fueron llevando a la deprimente situación de desconfiar de todo y todos. Pero en una situación así, una se siente sola porque creo que está realmente sola. Ahora lo sé. Es una soledad nueva que viene de la dificultad de una para comunicar y de los demás para entender. Creo que el esfuerzo (grande, muy grande) que hice para entenderme a mí misma y entender a los otros me sacó de aquel pozo. Ninguna otra cosa me ayudó tanto como esa reflexión. Y así fui dejando atrás aquellos primeros momentos en los que casi me vuelvo loca intentando ayudas imposibles o disparatadas, pócimas al estilo de los cuentos de Asterix, búsquedas ansiosas y pasos firmes hacia la estupidez. Cuánto agradezco a la Providencia que no me hubiera hecho el menor caso y que me obligase a afrontar mi situación en toda su intensidad. Tenía fuerzas para ello, como luego fui demostrando.»

Incluso hay toda una industria de la desolación humana al servicio de aquellos que no quieren o no pueden (o creen que no pueden) afrontar sus encrucijadas. Un bazar de ofertas mágicas para una persona desconcertada al pie de su crucero.

LAS DIFICULTADES DE LA RAZÓN

La pregunta siempre parece ser la misma: ¿por qué, en situaciones que requieren un refinado uso de la razón, optamos con frecuencia por las veredas más irracionales? ¿Qué ventajas puede tener esa irracionalidad frente a las desventajas de la razón? Debe haber algunas ventajas en lo que podríamos llamar «el pensamiento mágico», porque si así no fuera no se mantendría como conducta habitual.

> Optamos por la irracionalidad porque produce consecuencias inmediatas más reconfortantes que una actitud más racional. En este sentido, nuestra irracionalidad o nuestra magia son bastante razonables, valga la paradoja verbal. O dicho más claramente: somos irracionales no porque no razonemos, sino porque razonamos sobre supuestos infundados (mitos sociales, en general, que son creencias no criticadas o reflexionadas).

Fragmento 11: «Durante un tiempo, todas aquellas cosas raras (hoy las considero raras, entonces me parecían casi de sentido común) me fueron tranquilizando, hasta que una tarde tuve una especie de caída del caballo, como San Pablo, y me di cuenta de mi imbecilidad (coyuntural, creo). Entonces tuve algo parecido a una depresión: una melancolía que duró días y me tuvo completamente tirado en casa. La verdad es que hice toda clase de números de esta especie antes de ponerme a pensar. Números como aquella visita (¡Dios mío!) a una pareja de magos rodeados de velas, cartas de la baraja y otras herramientas de la adivinación. Y salía feliz de todo aquello, seguro de que estaba en el buen camino y de que aquellas saludables profecías se tendrían que cumplir. Pero pasaban los días y tenía que hacer otra cosa para mantener el ánimo. Y entonces iba a raros cursos de no sé qué religiones, y me reunía con unos tipos chiflados de una organización científico-cultural que me querían hacer un hábito de afiliado. Cosas así.»

Si estas acciones no produjesen rentas, no habría magia. ¿De qué rentas se trata? Más que rentas directas debe tratarse de rentas de evitación. Me explico: haciendo eso evitamos hacer lo que nos angustia, porque pensar real y racionalmente en nuestra situación no es tranquilizador. El mayor problema de las conductas racionales (no elusivas, no evitativas) es que mantienen y aún aumentan la angustia inicial: no son reconfortantes, en un primer momento. Lo que no es reconfortante tiende a ser evitado. Y en este sentido, y tomadas las cosas a corto plazo, la magia o la irracionalidad tienen muchas ventajas sobre la razón. Y ésta es la idea central que quería transmitir ahora y quisiera hacerlo de una forma clara:

> Las actitudes racionales no tienen, en general, consecuencias positivas inmediatas. Las actitudes mágicas, sí. De ahí la dificultad del cambio, que siempre entraña un especial uso de la razón.

¿Por qué angustia la razón? Porque si está bien fundada conduce inevitablemente a la realidad, y la realidad, en una situación personal confusa, no es agradable. Los mecanismos para eludir la realidad son infinitos, y algunos incluso son necesarios (no siempre podemos ni debemos «afrontar la realidad», como suele decirse). Pero en una situación de encrucijada es necesario afrontarla.

La motivación principal para usar esa racionalidad no puede ser el inmediato premio a que conduce, pues no es así, sino el premio demorado que, en general, espera al que no elude la confrontación con la realidad.

> El éxito demorado debe ser un estímulo contra la búsqueda ansiosa del premio inmediato (promesa del pensamiento mágico) que sólo es una falacia que pretende gratificar a nuestra lógica ansiedad por salir de una situación conflictiva.

LA DEMORA Y EL ANSIA: LA BATALLA DEL DÍA A DÍA

Y como la demora no es lo que tranquiliza a nuestra ansiedad, las actitudes mágico-rituales ocupan el lugar de la acción racional y de la espera. Como tales actitudes no conducen a otra cosa que a una frustración de expectativas, acaban por generar una gran angustia, a partir de la cual podemos perder una parte del control sobre nosotros mismos y caer en estados melancólicos que pueden ayudar a desencadenar un proceso depresivo. Y es por esto por lo que es tan importante comprender esa necesidad de la razón y combatir la ansiedad que nos empuja hacia la magia.

> Si conseguimos dominar la ansiedad y actuar más racionalmente, no tardaremos mucho tiempo en empezar a recoger los frutos del éxito demorado. Para controlar la ansiedad que nos producen los conflictos y las encrucijadas, podemos pedir ayuda exterior a un especialista. Pero también podemos autoayudarnos respetando algunas normas.

La norma más importante para dominar ese estado ansioso y mágico es:

> Proyectar el día a día sin dejar mucho a la improvisación. No son momentos de aventura, sino de restauración del orden, en el buen sentido de la palabra.

Proyectar el día a día quiere decir que, aun teniendo una estrategia de salida de la crisis a medio y largo plazo, la unidad contable del alma es el día, con su ciclo de amanecer (expansivo) y atardecer (íntimo), con sus metáforas de vida (luz/día) y muerte (oscuridad/noche), y este ciclo día/noche marca nuestros ritmos de tal manera que es preciso respetarlo, porque no sólo es la conducta mágica una salida a la ansiedad, también lo es la pereza anímica, la inactividad, la falta de una mínima planificación, la aceptación de la rutina predepresiva.

Aceptar el día como unidad contable del alma quiere decir que es necesario, en los periodos de crisis y encrucijada, fijar de antemano una buena parte de la conducta del día siguiente para evitar vacíos y melancolías, y el triunfo final de la ansiedad creciente.

Fragmento 12: «Me fui derrumbando en el salón, sin hacer otra cosa que dejarme llevar por la televisión y beber toda clase de cosas: refrescos, cervezas, vitaminas efervescentes, licores, leche con polvos de chocolate, batidos, agua con limón, té verde, té negro, té de flores, y toda la panoplia oral que estaba a mi alcance. Iba y venía al trabajo como un monstruo metálico de ésos de los niños, y apenas comía otra cosa que comida envasada. El día en que la situación se me hizo más insoportable vino alguien incógnito hacia mí, quizá mi ángel de la guarda, me tiró del brazo, me sentó en el estudio y me agarró la mano para escribir en una pequeña ficha mis planes para una semana. Dividí la pequeña cartulina en siete huecos verticales y puse un día de la semana en cada columna. Dividí cada columna en dos con una línea horizontal (mañana y tarde) y apunté un plan semanal, más minucioso para el día siguiente. Me sentí motivada por aquel papel, y lo cumplí. Aquella ficha la guardo enmarcada en mi despacho: una cosa tan mínima fue el comienzo del fin de aquel infierno. Hoy creo que aquel amigo imaginario que me tiró del brazo era yo misma: era toda la fuerza que me quedaba, toda la voluntad.»

LA RAZÓN RAZONABLE, PERO NO MÁS

La razón no puede ser un corsé apretado que cultive en nosotros una figura anímica rígida, intolerante con los hechos nuevos, hiperreflexiva hasta la inacción, minuciosa, obsesiva, envarada, algo así como una escoba viva incapaz de mover el alma en nombre de alguna ecuación indiscutible que llevamos dentro, de la misma forma en la que muchas personas no consiguen mover su cuerpo y expresar algo en esas danzas expresivas en las que otras personas son tan flexibles y comunicativas. Lo del cuerpo parece más perdonable, porque hay todo un aprendizaje cultural detrás en el que algunos pueblos son maestros. Pero lo del alma, en una sociedad tan sabia y evolucionada como la nuestra, parece inexcusable y requiere una posición activa para cambiarlo.

> La razón existe para empujarnos a la expresión, a la apertura, a la comunicación. La razón no puede convertirse en una represión de nuestros sentimientos.

Porque existe la mala costumbre entre nosotros de identificar razón con represión, exceso de sentido común, conservadurismo vital, y cosas así. Y se considera muy razonable a la persona que ejerce todas estas cosas de espaldas a la vida, ajena a la vitalidad de las emociones y sentimientos. Hay, lamentablemente, muchas personas así de razonables. La racionalidad que yo quisiera inducir es otra cosa: una capacidad reflexiva que nos libere de esas precipitaciones que siempre nos tienen en estado de arrepentimiento, y que así nos sirva de apoyo interior, como una instancia superior en nosotros mismos que garantiza que las cosas se van a hacer con una cierta capacidad de anticipar consecuencias. Si nos sentimos así, autoayudados, se acrecienta nuestra seguridad y adquirimos la certeza de que nuestros posibles errores han sido realmente inevitables: hemos hecho todo lo posible para que no ocurrieran, y nuestra responsabilidad más angustiosa está salvada.

3. Espontaneidad y razón

EL RENACIMIENTO DE LA EXPRESIVIDAD

De todas las consideraciones anteriores me preocupa que se llegue a deducir un ataque implícito en mis palabras hacia la espontaneidad humana. Ser espontáneo tiene un cierto crédito teórico entre nosotros, aunque las personas más puramente espontáneas se lamenten con frecuencia de esta virtud. A pesar de sus desventajas, la espontaneidad es, efectivamente, una gran virtud.

En una situación de conflicto, cambio o encrucijada, nuestra capacidad de comunicar a los demás nuestros sentimientos viene estimulada por la misma situación y la angustia que lleva consigo. Existe también, y abundante, la reacción contraria, de cierre, de la que he hablado, y que podría expresar el miedo a la expresividad que sentimos necesitar. A ciertos niveles de angustia, tampoco se da el impulso comunicativo, pero son ya esos niveles en los que necesitamos ayuda externa de carácter profesional. Normalmente, la situación induce una capacidad comunicativa superior, y buscamos a alguien en quien confiar y liberar con él esa angustia y esa incertidumbre. Nos hacemos más espontáneos, y las censuras habituales a la expresividad se debilitan. En este sentido, la espontaneidad es una virtud y una necesidad.

> La espontaneidad, en el buen sentido de la palabra, debiera entenderse como la capacidad para comunicar los propios sentimientos e ideas de una forma expresiva.

Fragmento 13: «La invité a cenar con la intención de que me escuchara, y así fue. Y en aquel ejercicio de egoísmo (¿era egoísmo?) me liberé momentáneamente de alguna parte de la angustia y empecé a sentir la soledad de otra manera, con la sensación de que ya éramos dos los que conocíamos mi situación. Y descubrí en mí mismo una capacidad de comunicación que nunca hubiera pensado que tenía, pero de la que ahora disfrutaba. En algún momento sentí, tanto con ella como con las otras personas que fui sumando a mi vida, que la espontaneidad me ganaba y que metía algunas patas de vez en cuando. Bien, probablemente era así, pero valía la pena. Aquella decisión de expresarme creo que favoreció en mí un cierto cambio de carácter. No lo lamento.»

En este sentido del fragmento anterior, la espontaneidad es una virtud: comunicar en el momento adecuado para sentir el apoyo de los demás en el momento adecuado. Este supuesto egoísmo del que habla el narrador y sujeto del párrafo anterior no es otra cosa que un intento de descubrirnos a través de los otros, y de descubrir a los otros a través de nuestros problemas. No es egoísmo porque no pretendemos hacer de nuestros problemas el centro del mundo en perjuicio de los demás. Sólo buscamos a los demás, y buscándolos, nos buscamos a nosotros. Esta espontaneidad expresiva nos devuelve a la interacción con los otros, que es una necesidad vital básica.

GUIONES O MAPAS PARA EL CAMINO

La espontaneidad no es enemiga de la razón: es la forma más expresiva de la razón. De forma espontánea hacemos muchas cosas en la vida. Llamo «forma espontánea» a aquella realización que no entraña una racionalidad muy reflexionada, muy consciente. El hecho de subirse a un autobús, introducir el billete en la máquina y buscar asiento es un acto rutinario que hacemos de forma aparentemente espontánea, o espontánea, a secas, en el sentido dado (con racionalidad latente, pero no reflexionada o explícita). Pero en ese acto de coger un autobús, como en tantos otros, hay un guión de conducta que hemos diseñado muy racionalmente sobre experiencias y aprendizajes previos. Una vez que ese guión se incorpora a nuestro archivo de conductas, la racionalidad consiste en aplicarlo en el momento adecuado, pero ya no en diseñar otra vez el guión. De esta forma, una conducta racional se transforma en espontánea: hay una continuidad entre ambas cosas.

En general, la espontaneidad es la continuación de la razón por otros medios, parafraseando al general prusiano Carl Von Clausewitz, que entendía así la guerra, como prolongación de la política. Es, la espontaneidad, una fase de la razón, la que ocurre cuando la racionalidad está implícita en conductas rutinarias con un guión muy estable.

Si la espontaneidad no es buena, es que la razón que la sustenta tampoco lo es. El problema siempre es el mismo: un déficit de la razón. Por eso no hay que temer a la espontaneidad, sino a la razón deficitaria. Para ser espontáneo de forma benéfica para uno y para los demás, hay que atender a la razón.

Traducido esto a los términos operativos que a nosotros nos interesan para solventar positivamente nuestros conflictos y encrucijadas, podríamos decir que:

> Una vez recuperado un cierto equilibrio, después de los primeros momentos, días o semanas de la crisis, la espontaneidad va a expresar ese equilibrio, liberar nuestra expresividad y extender el círculo de la palabra a nuestro alrededor.

Pero no nos vamos a dedicar sólo a aplicar viejos guiones a situaciones nuevas: vamos a crear, conscientemente, nuevos guiones, y a acompañar a nuestra espontaneidad con guiones complementarios elaborados para situaciones específicas.

> *Fragmento 14*: «Sentía que podía usar la palabra y ser usado por ella en una conversación tranquila que hacía muchos años que no vivía. Me fui viendo a mí misma de otra manera, dejándome ir en esa confianza de no decir o hacer tonterías, pero expresándome, y ese cambio se debió a una mínima planificación de mi propia imagen ante los demás, una vez que me vi libre de una parte de mi angustia y de mi desconcierto. Pero nunca creí que aquella reflexión sobre mí misma iba a ser tan eficaz: en cuanto me puse en marcha y cambié mis modos de contacto con los demás, también mi expresividad, respondiendo a mis deseos, empezó a ir como el agua por su cauce, y así fui recuperando lo que había sido mi personalidad normal hace ya muchos años.»

¿CÓMO ELABORAR NUEVOS GUIONES?

Los guiones (coger un autobús, como ya he citado, o pedir un impreso en una ventanilla, o dar un beso, o comer marisco, o cualquier otra cosa) los hemos elaborado con facilidad o dificultad, según qué asunto, hasta transformarlos en rutina. En algunas situaciones (el amor, la literatura, etc.) esa rutina pudiera no ser muy positiva y el cambio de guión debería ser bastante frecuente para refrescar nuestras conductas. No así el otro tipo de cosas, porque tomar un autobús no requiere mayor variedad, como es obvio.

En una crisis, conflicto o encrucijada, casi siempre es bueno «hacer mudanza» de guiones, contraviniendo la máxima que nos pide no hacerla en tiempos tempestuosos.

Pero éste no es un consejo matemáticamente cierto, como no lo es ninguno de los que aquí se dan: es una orientación general. No sería bueno, por ejemplo, iniciar un movimiento sin sentido encaminado a revisar guiones: la acción por la acción, de la que hablé en su momento. Se trata ahora de iniciar una reflexión muy controlada sobre algunos aspectos vitales de los que uno no se encuentra satisfecho, y esa revisión pudiera conducir a intentar ese cambio de guiones, bien en soledad, bien con la ayuda pertinente. El cambio de guiones nos ayudará también a un cambio en nuestra definición o en nuestras definiciones de la realidad, concepto éste del que hablaré en su momento.

Un cambio de guiones es una acción de reaprendizaje en la cual damos dos pasos muy generales: 1) Poner en evidencia ante nosotros mismos los guiones anteriores, es decir, hacerlos explícitos, y 2) Cambiarlos en aquello que consideremos oportuno. Esto, puede decirse, es fácil de teorizar, pero muy difícil de poner en práctica. No tan difícil, sin embargo. En ausencia de patologías importantes, y moviéndonos siempre en el ámbito de una relativa normalidad en nuestros sentimientos, podemos intentarlo.

La primera fase, la de poner en evidencia o explicitar nuestros guiones, es lo mismo, en cierto modo, que intentar un conocimiento de nosotros mismos, si bien ahora de manera sistemática y distante. «Distante» quiere decir que hemos de hacer un esfuerzo de objetividad y limitar nuestros análisis, de momento, a aquello que realmente es nuestro y depende de nosotros mismos: aunque muchos de nuestros problemas tengan que ver con los demás o con el mundo, y aunque muchas veces sean los demás o el mundo los principales responsables de nuestros errores, lo cierto es que cualquier cambio sólo puede partir de nosotros mismos, porque los demás y el mundo no están a nuestro alcance para hacer sobre ellos esos cambios a corto plazo que necesitamos. Por ello, «distante» quiere decir que debemos vernos así, en soledad, manipulando nuestras emociones de manera que no estemos constantemente justificando nuestros problemas en función de la maldad del mundo exterior: debemos vernos con distancia objetiva a nosotros mismos, como si fuéramos dos: el que mira y el que es mirado. De hecho, psicológicamente, somos dos en ese momento en que nos autoanalizamos.

Hacer un esfuerzo de objetividad requiere vernos a nosotros mismos desde fuera, y centrarnos en aquellos guiones o conductas que realmente podemos cambiar. Un autoanálisis debe ser muy egocéntrico, aun sabiendo que el mundo o los demás determinan nuestros actos. Pero a efectos prácticos, debemos saber que sólo podemos cambiarnos a nosotros mismos, y haciéndolo podemos inducir cambios en los demás y en el mundo.

Preguntas hechas a nosotros mismos, de este tipo: ¿cómo he entendido hasta ahora mi conducta profesional, afectiva o vital en general, mi relación con los otros, con los de arriba, con los de abajo, con..., etc.?, preguntas así que requieren una respuesta bien dada, sistemática, del tipo que se expresa en este fragmento:

> *Fragmento 15*: «Fui descubriendo que la forma en que yo ejecutaba mi acercamiento a los demás respondía a un guión preestablecido en el que siempre ocurría lo mismo: veía en los otros a posibles dadores de afecto y me acercaba a ellos sólo desde esa perspectiva, y entonces los otros, que eran compañeras o companeros de trabajo, amistades eventuales y gentes de mi entorno, mostraban una conducta amistosa muy circunstancial circunscrita al ámbito del trabajo, familiar o cualquier otro, y entonces yo, requiriéndolos más allá de esto, me frustraba siempre y veía en ellos la imagen de la maldad del mundo. Y concluía con lo mismo: yo era una persona generosa y cariñosa, y los demás eran unos egoístas incapaces de una auténtica amistad. Y esto me retraía, hasta que comenzaba otro ciclo similar. Pero fui entendiendo que mi búsqueda de afecto era excesiva y estaba determinada por mis propios problemas y por mi educación, y que la exigencia que hacía a los demás estaba fuera de lugar. Cuando transformé mis pensamientos en acción y empecé a ver a los demás desde esa nueva perspectiva, fui notando que los demás estaban más cómodos conmigo, como si los hubiera liberado de una gran responsabilidad. Y fui notando también que yo mismo me encontraba más relajado y más cercano al mundo real. Aquel guión del que hablaba antes había cambiado y se había hecho muy distinto. Comencé a circular por el mundo de una forma, creo, más realista. Y, además, paradójicamente, desde que dejé de exigir aquel afecto, quizá desmesurado, fui recibiendo muestras de otro afecto normal que la gente me daba normalmente.»

Y el segundo paso de este proceso, el de cambiar los guiones una vez criticados los anteriores, está implícito en el primero, porque desde la crítica o negación de lo anterior ya hay una cierta afirmación o posición de lo siguiente. Así, cuando el sujeto del anterior fragmento encuentra anormal sus exigencias de afecto, ya lo hace desde la conciencia de que eso está provocando reacciones anómalas en los demás y desde la consideración de que debe cambiar su guión, al menos en este punto de la búsqueda excesiva de afecto. La división en fases de este proceso es, en líneas muy generales, algo artificial que yo he hecho por motivos estrictamente didácticos. Pero también puede ocurrir, y ocurre a veces, que uno ve los errores y sabe lo que no hay que hacer, pero en esa negación no acaba de verse la posición, la afirmación, lo que hay que hacer.

Para construir un nuevo guión de conducta hay que partir del hecho tranquilizador de que un guión no tiene que ser para siempre: se trata de un intento coyuntural de encontrar mejores opciones para nuestra conducta en un área específica. Y construir un guión no es, por tanto, un hecho dramáticamente definitivo ni es una obra con cemento armado que después hay que dinamitar en complejas operaciones de ingeniería destructiva.

Construir un guión es contestar a preguntas positivas del tipo: ¿cómo debo acercarme a los demás, cómo debo mejorar mi rendimiento profesional, cómo debo...? Algún diario de alguna persona nos puede orientar sobre esto:

> *Fragmento 16*: «Decidí introducir algunos cambios en mi vida y cambiar, como ahora se dice, el chip de algunas de mis con-

ductas. Para empezar, quise cambiar mi actitud ante el trabajo y comencé a subrayar ante mí mismo los placeres ocultos (ocultos en el sentido de no valorados por mí) de mi trabajo. Lo hice, y fui cambiando la forma en que todos los días salía de casa y me sentaba ante la mesa, con un malestar perpetuo. Pensé que si el trabajo era un bien que comenzaba a ser escaso, yo lo tenía. Pensé que desde que nos expulsaron del Paraíso terrenal había que trabajar. Pensé que lo que yo hacía no estaba nada mal, y que estaba exigiendo a mi trabajo más de lo que me podía dar, como antes se lo había exigido a algunas amigas y amigos. Entonces decidí añadir una diversión a mi vida, y formé un club gastronómico privado con la gente del trabajo. Y me puse a escribir algo así como mis memorias o mi diario, no sé cómo llamarlo, por eso queda ahora constancia de aquellos días. Creo que conseguí cambiar algunos chips y controlar aquella situación.»

Construir un guión implica saber algo de lo que uno quiere hacer y ponerse manos a la obra: una posición activa, como dije, y desde ahí empezar a corregir los más obvios desajustes de conducta con la voluntad de cumplir los nuevos guiones: si decido ver mi trabajo desde otro ángulo, eso implica una voluntad de encontrar sus positividades actuales y sus posibilidades futuras. Si decido ver a mi pareja o a mi futura y posible pareja de otra forma, eso implica cambiar los tópicos ya usados y fracasados sobre los hombres o las mujeres, el afecto, el amor, la amistad. Implica, en fin, ser capaces de negarnos a nosotros mismos y de intentar nuevos caminos. Negarnos a nosotros mismos quiere decir también algo que a veces nos resulta duro de aceptar:

Debemos asumir que equivocarse es normal y que la vida es un permanente tanteo de conductas a la busca de las más adecuadas para cada circunstancia. En este sentido, lo que llamamos error no es más que un paso natural hacia otra cosa. Y así sucesivamente. Esto es darle un carácter dinámico a la misma vida, y romper con una idea mitológica de la existencia que nos impulsa a ser siempre los mismos.

Cuando el filósofo griego Heráclito decía en sus fragmentos que *«el ser no es»* estaba diciendo esto mismo: nunca *somos* (los mismos) porque vamos cambiando. Pero además, para impulsar ese cambio, ahora añado una prescripción u obligación a esa constatación: nunca debemos ser los mismos. Porque esa antinaturalidad de intentar mantener ese Ser (que es Ser Lo Mismo) nos provoca la rutina vital y una tensión constante.

> *Fragmento 17*: «Esa sensación de no reconocerme cuando reflexionaba sobre mi vida me producía alguna angustia, como quien se mira en el espejo y se descubre unos cuantos cambios en los que no había caído. Pero aquella angustia duraba lo que tardaba yo en evaluar lo importantes que habían sido aquellos cambios en mi vida. La misma angustia se reproducía también ante el espejo real cuando miraba mi nueva imagen, de la cabeza a los pies, mi pelo, mi ropa, y hasta mi gesto. Y tardaba algún tiempo en aceptarme, pero cuando lo hacía me sentía muy satisfecha con mis decisiones y muy dispuesta a cambiar cuando fuese necesario. Era como si me sintiese más maleable, pero ahora era yo la que trabajaba mi propia materia.»

Resistir a las rutinas, vivir cada día como una posibilidad distinta, ser razonablemente espontáneo, modificar guiones: no aceptar que en nuestro diseño vital todo está terminado. Nunca.

Pero no es fácil estrenar zapatos. Se pasan unos días o unas horas con esa incomodidad de lo nuevo, que en el caso de los zapatos es más cierta que si se tratara de una corbata, un jersey o un traje. Los zapatos se han de hacer al pie, y han de ceder por un lado, encoger por otro, y todo esto lo hacen a la orden intermediada del propio pie, que quiere acomodarse contra la forma inicial del zapato. En esa lucha, pasa un tiempo en el que soñamos con los viejos zapatos perfectamente ajustados a nuestras formas y usos, y pensamos que cuando han llegado a esa perfección es precisamente cuando debemos abandonarlos.

Esta parábola de los zapatos viene a cuento, como ya habrán caído, por la cuestión del cambio de guiones. Creo que este ejemplo es bastante expresivo de lo que a uno le pasa cuando cambia su vida: no es fácil imponer los nuevos guiones a nuestras tendencias inerciales, y da angustia y pereza, y cuesta intentarlo reiteradamente hasta que un acontecimiento nos premie por nuestra decisión. Pero cuando esto ocurre, cuando notamos que nuestros trabajosos cambios han producido algún acontecimiento positivo a nuestro alrededor, este acontecimiento se constituye en estímulo para continuar intentándolo.

Pero a veces los cambios no provocan, en principio, resultados gratificantes en nuestro entorno. Hay que estar preparado también para un cierto rechazo a nuestros cambios por parte de nuestra gente.

Entonces las cosas se complican un poco: nuestros cambios no gustan, porque a veces los demás no soportan que se violen sus rutinas, y nuestros cambios atentan contra sus rutinas. Nuestros cambios no son sólo nuestros cambios: la sociedad es un sistema interactivo y todo lo que hacemos repercute en los demás.

> *Fragmento 18*: «Acostumbrados como estaban a que yo cumpliera mis rutinas, cuando aparecí con mis novedades se fue produciendo, durante los primeros días, una hostilidad que no me echó para atrás. Tanteé durante un tiempo las posibilidades de haberme equivocado en mis cambios, pero ellos no tardaron mucho en irme aceptando y en gratificarme con algunas palabras que hablaban ya de un cambio colectivo. Yo también los había cambiado un poco. Y a partir de ahí todo fue mejor, mucho mejor, aunque aún tuve que hacer algunos ajustes en mis cambios.»

Pero no siempre es así: a veces el cambio es rápido y positivo, y a veces es negativo e irreversible. En este caso debemos estar preparados para aceptar una de estas dos posibilidades: o nuestros guiones son malos, o son buenos y el entorno no los acepta. Si son malos hay que cambiarlos, pero si son buenos e inaceptables quizá convenga negociarlos con el entorno. «Negociar los guiones» quiere decir iniciar un periodo de especial expresividad y comunicación en el que vamos a intentar que los demás, poco a poco, entiendan y acepten nuestros cambios. Es un periodo de ajuste con el medio en el cual podríamos necesitar alguna revisión de nuestros guiones y alguna concesión a los demás. ¿Hasta qué punto? La contestación a esta pregunta tiene una parte obvia (hasta que no anulen nuestra autonomía) y otra más compleja (hasta descubrir un punto de encuentro), pero en todo caso corresponde a cada uno de nosotros evaluar las estrategias de negociación y buscar la mejor salida. Es una prueba para nuestras emociones y para nuestra inteligencia práctica. Una estrategia de negociación necesita una disposición muy abierta para captar nuestras dificultades de encuentro: atender a los requerimientos de los demás, y no cerrarnos exclusivamente en nuestros hallazgos: sin los demás sólo somos una pura soledad a merced de nuestros vericuetos mentales. Los demás actúan sobre nosotros y nosotros sobre ellos, y esa interacción está cruzada de acuerdos no explícitos sobre muchas cosas: son «negocios sin papeles». Pues esos negocios sin papeles son fundamentales para insertarnos en la sociedad y mantener esa interacción. A la hora de redefinir guiones (y todo lo que sustenta a esta operación) no podemos ignorar a nuestro entorno, sin que esto signifique una pura cesión a sus demandas: es una negociación, un intercambio.

> Los negocios sin papeles son el fundamento de nuestra comunicación, nuestra interacción y nuestro encuentro con los demás. Ser conscientes de esto en las situaciones de encrucijada facilita nuestra apertura a las propuestas de los demás.

Es cierto que estas negociaciones sin papeles se hacen normalmente de forma rutinaria, sin que seamos intencionalmente conscientes de ellas, como una conducta automática. Pero en situaciones de encrucijada nuestra conducta debe hacérsenos explícita (como cuando aprendemos a conducir un coche), para luego regresar a las rutinas una vez que hemos superado la crisis.

4. La historia personal y las encrucijadas

EL NIÑO ETERNO

Cuando estamos en situación de encrucijada, y a ello acompaña o se añade una devaluación de nuestro pasado, la idea que tenemos de nosotros mismos (nuestra autoestima ha sido alterada) en relación con nuestra propia historia es muy negativa. Y aquí hay que hacer una primera restauración de algunos destrozos:

> Nuestra historia, por pésima que sea, es nuestra. Y eso quiere decir que es nuestra fuente de aprendizaje: un tesoro en el que a veces hay que bucear para reconstruir la historia de nuestra sensibilidad.

Por eso, el hecho de maldecir sobre ella, sobre nuestra historia, puede ser un desahogo eficaz, pero no es un buen camino analítico. Pero, aunque en líneas generales darle muchas vueltas a nuestro pasado no es bueno, a veces es preciso hacer alguna incursión muy concreta y muy didáctica. Volver de forma sistemática, sin embargo, a ese pasado, puede ser, y lo es en muchos casos, una fuente de conflicto más que una forma de conocimiento, porque manipular de nuevo historias y emociones que nos afectan y desbordan sin tener los medios para controlarlas puede abrir el camino para malestares mayores que los que queremos atajar.

En situación de encrucijada y conflicto nos puede ayudar una cierta reconsideración de ese pasado, sobre todo en lo que atañe a momentos en los que se hubiera podido producir un mal conocimiento de la realidad que ahora podemos corregir.

> *Fragmento 19*: «Cada vez que volvía al pasado se me removían dentro fuerzas desconocidas que me producían una incomodidad que yo no podía controlar. Durante mucho tiempo hice estos ejercicios regresivos y lo único que conseguí fue incrementar mi angustia. En algún momento tomé la decisión de continuar con aquellos ejercicios, pero con una ambición más limitada que la del principio. Ya no quería cambiar mi personalidad como un guante, sino conocer, muy concretamente, de qué manera yo me había hecho un dependiente afectivo, y de qué manera aquello determinó mi forma de ver el mundo. Y lo fui averiguando y pude introducir algunas correcciones para interpretar algunas cosas de otra manera.»

Este sujeto de la narración aprendió a seleccionar la manera más adecuada para preguntarse por su pasado después de una serie de experiencias muy desagradables y muy arriesgadas en las que el mismo pasado se vuelve contra él sin aclararle nada. Pero podríamos ahorrarnos estos sufrimientos y tanteos metodológicos siguiendo un camino más limitado y más correcto del que supone ir al pasado en general, sin más, a recrearse con las frustraciones y pequeños o grandes horrores de nuestra vida.

Debemos ir al pasado desde el presente para resolver dudas muy concretas sobre algunos momentos de nuestro aprendizaje del conocimiento del mundo. Así, en el caso del narrador anterior, debió encontrar episodios de su existencia que le aclararon su excesiva dependencia en materia afectiva, quizá una sobreprotección, quizá otra cosa, y eso le ayudó a valorar su situación actual.

Pero el pasado no es sólo ese error de conocimiento y aprendizaje, tal como se ve desde el presente, es también el basurero personal al que arrojamos todas las culpas del presente para eludirlo y no transformarlo:

> En la medida en que toda explicación de nuestras dificultades parece que tiene que ver con el pasado, y el pasado es inmodificable, todos los problemas nos parecen inmodificables.

Esta lógica nos aporta un pesimismo añadido a las situaciones de crisis que no favorece en nada cualquier intento de superación del conflicto o la encrucijada.

> La función más negativa de la idea común, y sólo relativamente cierta, de que el pasado condiciona el presente, es la de bloquear nuestros impulsos hacia el cambio: nada es modificable, y nuestra personalidad, como nuestro corazón, nos acompañará siempre.

Fragmento 20: «Me sabía cogido por mi historia, y mis movimientos por la vida eran aún como los de aquella niña. ¿Cómo se puede cambiar una cosa tan fuerte? No es posible. Y aquella maldición iba conmigo a todas partes y cortaba cualquier proyecto de salir de aquel estado de dejadez: yo era así. Tenía una idea tan rígida de mí misma que mi infancia me parecía una cárcel de la que jamás saldría, presa en ella por una bola de hierro que ponía *alma*. Tampoco me ayudaba mucho el contacto con los míos, porque para ellos seguía siendo, efectivamente, aquella niña. A mí no me cabía la menor duda de que yo era aún aquella niña, y de que lo sería para siempre.»

Pero esto que dice y cree este narrador sobre la inmovilidad psíquica del hombre no es así, en absoluto. Es cierto que la infancia y el resto de nuestra vida aportan a nuestra personalidad aprendizajes y cogniciones o conocimientos fundamentales, y es cierto también que a veces todo ello nos pesa como una gran losa, sobre todo cuando estamos en el empeño de cambiar, de ver las cosas de otra manera, de hacer otras cosas, de resolver encrucijadas. Pero no es inmodificable todo eso.

¿SE PUEDE CAMBIAR?

Quizá ya hemos transcurrido por demasiadas páginas de este libro como para plantear ahora esta pregunta, que parece improcedente llegados a este punto de desarrollo de la idea «cambiar de vida», que da pie a estas líneas en que estamos. Es cierto que se podía haber puesto al principio, pero entonces esa pregunta hubiera adelantado un debate que debe afrontarse después de algunas reflexiones como las que ya hemos hecho, y que nos proporcionan algunos materiales mínimos para contestar desde un optimismo fundado.

Si esta pregunta figura, paradójicamente, en este libro, es por la fuerza que tiene socialmente la idea de que no podemos cambiar. Ahora es el momento de afirmar, sin ninguna vacilación, que sí podemos cambiar.

Si al principio dimos vueltas a aquella idea negativa de que «hagamos lo que hagamos siempre nos vamos a equivocar», ahora es preciso insistir en que:

> Si la idea del error permanente nos bloquea, la idea de la inmovilidad de nuestro ser, nuestra psique o nuestra conducta, nos aporta toda una filosofía muy común y muy desdichada sobre la unidad esencial del hombre. Esta rimbombante expresión esconde una idea de *destino* que, desde la antigüedad hasta hoy, ha fijado la trayectoria humana a un designio inicial y definitivo. Y ésta es una idea tanto o más extendida que la del error.

Muy al contrario, lo que caracteriza al ser humano es su plasticidad, su posibilidad infinita de hacerse a sí mismo al albur de la voluntad y de las circunstancias.

No podemos encarar un cambio sin tener claro que:

> La idea central de todo renacimiento es la fuerza del hombre para modificarse a sí mismo y para modificar el medio en el que vive.

Pero si modificar el medio es, en toda su extensión, una opción política y de largo alcance, modificarse a uno mismo es una opción personal que puede cumplirse.

Es *uno mismo* lo que tenemos más cerca para el cambio. Y todo cambio ha de empezar por uno mismo.

Fragmento 21: «Sin darme cuenta había hecho mía una idea de lo que es el destino que me llevaba a considerar inútil cualquier movimiento hacia adelante. Y por eso me senté encima de mis conflictos como el que se tira en un sillón y ve pasar los días. Era mi destino. Y no fue una idea muy sutil o una reflexión muy profunda, que no estaba en condiciones de hacer, la que me sacó aquella droga dura que era la idea de destino que yo tenía, sino mi propia ternura hacia mí mismo que un día dejó de ser cómplice para hacerse crítica, como un impulso que me reclamaba para la vida. Quizá el haber mantenido alguna dignidad ante muchas cosas me hizo insoportable mi propia imagen, y eso vino entonces en mi ayuda. Creo que esa idea, que yo aún tenía, de lo que es una actitud digna, me fue recuperando. Y era una idea de infancia, muy profunda en mí, quizá arraigada como rechazo a la brutalidad en algunas cosas de la época. Pero no todo lo malo lo aportaba la infancia, porque el que se levantó del sillón y se echó al mundo para hacer algo por modificar aquella situación era aquel niño al que yo muchas veces había maldecido y que, probablemente, no creía en el destino.»

HISTORIA Y CONOCIMIENTO

Nuestro transcurso biográfico es un trabajo constante para conocer y comprender el mundo. De ese esfuerzo deriva nuestra adaptación y nuestra desadaptación a la realidad, y de ese trabajo proceden nuestros guiones y esquemas cognitivos.

Un guión ya sabemos más o menos lo que es, y un esquema cognitivo es lo que está detrás del guión o lo que subyace al guión (y a la misma definición de la realidad, tema este último que dejamos pendiente para más adelante): es la forma sintética o estereotipada en que agrupamos nuestro conocimiento sobre las cosas, algo así como contestar a preguntas de esta clase: ¿cómo son las mujeres, los hombres, Italia, el Papa, el fútbol, la música clásica, el tren, etc.? Y según contestemos a estas preguntas así elaboramos nuestros guiones de acción. Pero la contestación a esas preguntas la hacemos sobre nuestra experiencia de primera mano o transmitida:

> Una buena parte de la experiencia en la que se asienta nuestro conocimiento del mundo es de segunda mano, y esto implica una permanente reelaboración de nuestros esquemas cognitivos (y nuestros guiones) en función de la experiencia propia o de primera mano. O también en función de nuevas experiencias de segunda mano.

Todo esto quiere decir, a efectos prácticos de nuestro «cambio de vida», que una de las ayudas importantes en una situación de encrucijada es la idea de que:

> No tenemos por qué tener razón en nuestra forma de entender el mundo, porque nuestra experiencia es extraordinariamente limitada e incompleta. Por ello debemos situarnos no sólo en posición activa sino en posición de disponibilidad mental o de apertura a los demás y al mundo.

Nuestro aprendizaje histórico no nos garantiza la verdad de nuestros esquemas, guiones o percepciones de las cosas en general. Y desde esta conciencia de apertura, nuestras posibilidades de entender y de controlar la nueva situación de encrucijada son mucho mayores.

> Si afrontamos una crisis sin revisar nuestra idea del mundo, nuestras posibilidades de avanzar son muy pequeñas.

Fragmento 22: «Me costaba aceptar que una parte importante de mis ideas sobre el mundo pudieran ser erróneas o inservibles. Había puesto tanta pasión en la defensa de un modo de vida y de tantas cosas menores que lo rodeaban, que ahora, ante aquel fiasco, todo era una mochila llena de piedras que llevaba a mis espaldas. Lo malo era que no tenía recambio y cambiar mis ideas me parecía una traición indigna a mi educación y a mi carácter. Necesitaba un estímulo y lo encontré en él, que vino a mí desde una falta de ideas algo sólidas, apenas con buena voluntad y algún caos mental que me fue saludable. Él me ayudó a cambiar sin dejar de quererme a mí misma. Al final de aquel proceso (o de aquella parte del proceso) me vi a mí misma (o a aquella "mí misma" de antes) como una extraña. Ahora ya no: he recuperado alguna forma de comprensión hacia aquella mujer que fui, y la quiero (me quiero) a mi manera.»

Pero la historia personal no nos aporta sólo conocimiento entendido como «contenido», sino también una «forma» de conocer. Probablemente unas personas tengan más facilidad que otras para revisar sus ideas porque su forma de conocimiento fue siempre mucho más relativa o menos dogmática, y esa relatividad tiene que ver con los procesos educativos más explícitos: padres, profesores, etc.

En general, nuestras formas de conocer no son muy abiertas, y tienden a una asimilación «eterna» del mundo, como si el mundo y nosotros no cambiásemos. Y estos vicios formales nos acompañan gravemente (aunque no irremediablemente). De eso voy a hablar en el capítulo siguiente: de formas, pero también de algunos contenidos de nuestro conocimiento del mundo.

> La forma esencial de nuestro conocimiento del mundo, aquella que determina nuestras conductas de manera más negativa, es una forma mitológica. Entiendo por forma mitológica aquella que concibe lo conocido como conocido «de una vez para siempre»: inmutable en su ser, el mundo no requiere ser pensado más allá de ese aprendizaje primero.

Fragmento 23: «No sé si para otros en igual circunstancia aquella sensación mía de extrañeza hacia el mundo fue una cosa leve. En mi caso fue grave. Alguien me recomendó leer *El extranjero*, de Albert Camus, y la verdad es que aquellos sentimientos del protagonista se parecían a los míos, aunque en mi caso creo que eran más angustiosos. Andaba por la calle extrañándome hasta de los árboles de toda la vida, las casas de toda la vida, la gente de toda la vida. Y no digamos del marido de toda la vida. Y todo me parecía peor que desconocido: absurdo. Tuve la impresión, que hoy puedo confirmar que era real, de que mi conocimiento del mundo era erróneo, precario, inconsistente e infantil. Podría poner cien mil adjetivos más para aquel desastre. Pero también pensé que aquélla era una gran oportunidad para revisarlo. Y lo hice.

> Creo que no será para siempre, y eso es lo que he salido ganando.»

Nuestra forma mitológica de ver el mundo se agrava con el paso de los años, que tienden a aumentar nuestra rigidez de ideas. Por eso, los cambios han de hacerse a contracorriente de nuestro propio sentido común, estancado en esos orígenes mitológicos. Y todo esto quiere decir que en ningún caso son fáciles de hacer. Nadie debe pensar que está en una situación simple: cuando las cosas se nos descolocan, y nuestro orden del mundo tiende a quebrarse, las dificultades vitales se acrecientan y todo se nos hace difícil. Y se nos hace difícil por la sencilla razón de que es difícil, y así creo que debo subrayarlo, porque estoy muy lejos de pensar que estas situaciones de encrucijada sean fáciles.

> Se requiere toda la voluntad del mundo para organizar estrategias iguales o similares a las que propongo, porque nuestra historia, nuestro aprendizaje, nuestro conocimiento, no se pueden mejorar de la noche a la mañana de una manera sencilla. De la noche a la mañana se pueden dar los primeros pasos hacia el principio de la solución.

Habría que terminar este apartado insistiendo algo más en esa «forma mitológica» de conocer el mundo, porque no es fácil detectarla en nosotros mismos, y sin embargo está presente con intensidad en nuestra vida y en las situaciones de crisis.

Aunque intelectualmente entendemos sin dificultad el hecho elemental de que el mundo cambia, y también entendemos la necesidad vital de conocer y adaptarnos a esos cambios, ese ejercicio intelectual no tiene traducción práctica: tendemos a relacionarnos con la realidad de una forma primigenia u originaria, aquella que aprendimos en nuestra primera infancia y que fuimos fortaleciendo a lo largo de la vida. Así, aunque el mundo cambie, nosotros mantenemos esa manera: eso es lo que llamo forma mitológica de conocimiento, y es la gran muralla con la que ha de encontrarse cualquier persona que sienta la necesidad de cambiar.

Se puede decir también así: en nuestra complejidad somos también muy elementales, entendiendo por elemental ese conocimiento primario que nunca revisamos de una manera consistente: una vez conocido el mundo (en nuestro proceso de socialización) damos por clausurada esa etapa en la que el conocimiento es fundamental, y el resto de la vida es una aplicación rutinaria de los esquemas cognitivos de la infancia y de la adolescencia. Por eso es tan difícil a veces cambiar nuestra conducta.

> El peso de nuestra socialización se evidencia en las dificultades para encarar un cambio con voluntad y determinación: en el fondo, siempre tendemos a actuar de acuerdo con esas formas mitológicas de conocimiento que hemos aprendido de una vez para siempre.

5. ¿Es real la realidad?

ENCRUCIJADAS Y REALIDAD

Le he tomado a Watzlawick (¿recuerdan, en el primer capítulo?: «Lo que llamamos realidad es resultado de la comunicación») el título de su libro para encabezar este capítulo sobre la realidad (grave fuente de problemas en las situaciones de encrucijada). No crean, sin embargo, que voy a filosofar sobre ese extraño concepto de forma etérea: simplemente quiero colocarlo en su lugar, y su lugar es central en todos nuestros problemas. Y, cómo no, en las encrucijadas, que no son otra cosa que una acumulación de problemas más allá, muchas veces, de nuestra capacidad normal para resolverlos.

Lo que he ido llamando «errores del conocimiento del mundo» no son más que formas incorrectas o inadecuadas (quizá sólo eventualmente incorrectas o inadecuadas: quisiera que tuvieran en cuenta este relativismo) de definir la realidad.

Definir la realidad es contestar a las preguntas sobre lo que sean las personas o las cosas o las situaciones o las conductas y todo aquello que requiere tener una opinión o una idea sobre ello. Las respuestas que damos a esas preguntas, sobre todo a las más trascendentes (la vida, los otros, etc.), son nuestra definición de la realidad. Esa definición es fundamental en las encrucijadas.

Fragmento 24: «Cuando estaba en el centro de la crisis me obsesionaba la idea de perder contacto con la realidad y comenzar a pensar tonterías desde aquel estado estúpido en el que estaba y del que, en parte, era consciente y crítica. No era que yo tuviera una relación muy satisfactoria con el mundo real, pero es que ahora estaba perdiendo esa relación pésima pero estable y no tenía ningún recambio. Sólo sabía que las cosas no eran como yo creía, pero tampoco sabía cómo eran. Restaurar alguna estabilidad en mi relación con el mundo me llevó algún tiempo: un tiempo de aprendizaje y de reflexión en el que me fui replanteando algunos aspectos de la vida y de mi vida: la misma vida, la muerte, el amor, el trabajo, los demás, y todo lo que iba necesitando para mejorar mis pasos por el mundo.»

En las situaciones de encrucijada las definiciones clásicas de la realidad comienzan a debilitarse, pero esa debilidad aparente se asienta en unos conocimientos eternos y mitológicos del mundo, aprendidos desde la infancia, que van a hacer muy difícil una revisión en serio de nuestras creencias sobre el mundo y de nuestras relaciones con la realidad. Y esta conciencia contradictoria entre la debilidad de nuestra definición de nuestra situación (de la realidad inmediata) y la fortaleza de nuestro conocimiento profundo es una fuente de angustia, puesto que nos sitúa en otra encrucijada, además de la puramente situacional: nos sitúa en una encrucijada como conflicto de caminos creenciales, en los que parece jugarse no sólo una situación material, sino mental: un cambio general de nuestras ideas. La resistencia a esa revisión de ideas es la principal fuente de bloqueo de la situación en general.

> *Fragmento 25*: «No sabía que me angustiaba más, si el cambio de la gran ciudad al pequeño pueblo o los problemas mentales que me estaba creando la aceptación de la idea de que fuera de Madrid también existía la vida. Siempre había pensado, aunque nunca lo había hecho consciente como ahora, que fuera de aquí sólo había gallinas, iglesias románicas, unos cuantos desgraciados acarreando pedazos de la naturaleza, coches a toda velocidad que huyen de esos lugares y poco más. Me fui descubriendo a mí mismo cuando me vi obligado a salir de la capital hacia aquel mundo, y ese descubrimiento me ayudó a cambiar muchas cosas.»

> Las mayores dificultades para conducir un cambio de manera positiva no vienen, en general, del mundo exterior a nosotros: son nuestras propias barreras cognitivas las que obstaculizan nuestra acción. Barreras cognitivas son todas las inadecuaciones de nuestro conocimiento a la realidad, que es lo mismo que decir que lo que hemos aprendido y asumido sobre una cosa es inadecuado en todo o en parte: está impidiendo nuestro conocimiento acertado de esa cosa.

Así, no se debe nunca privilegiar a la acción por la acción como método de conducta en una situación compleja de encrucijada. He insistido en varias ocasiones sobre esta cuestión, porque se trata de una conducta habitual en muchas personas en conflicto: la acción por la acción tiene un cierto efecto sedante sobre nuestros problemas porque es una forma de elusión de la realidad. Esa especie de movimiento enloquecido, poblado de nuevas frustraciones, que nos conduce a una situación crecientemente peor, debe ser sustituido por una acción ordenada que incluya planes prácticos, anticipaciones, reflexiones, siempre en la línea de una nueva disposición para entender el mundo.

FUGA O COMPROMISO

La realidad va produciendo en nosotros, desde el inicio de la vida, diversas reacciones de aceptación/asimilación o de negación/rechazo de sus contenidos, de tal manera que los procesos de asimilación o aprendizaje de las cosas se ven muchas veces distorsionados o paralizados por actitudes de rechazo y fuga de ese segmento de la realidad rechazado. Muchos de los eventos vitales carecen de guiones que orienten nuestra acción, bien porque nos negamos a aprenderlos (no reflexionamos sobre ello) y/o porque no hemos tenido necesidad ni ocasión de construirlos, o bien porque son zonas de la realidad de las que, digamos, nos hemos fugado.

> Buena parte de nuestros problemas contienen conflictos nunca resueltos relativos a nuestras elusiones o fugas de la realidad. Las consecuencias son diversas, pero atendiendo a las encrucijadas vitales, la consecuencia más significativa es que nos encontramos sin instrumentos de acción y reflexión: son zonas oscuras de nuestro precario conocimiento de las cosas.

Fragmento 26: «Creo que había dentro de mí una gran ignorancia de muchas cosas que tenían que ver con situaciones como la que ahora estaba viviendo. Siempre había eludido pensar en conflictos, meterme en conflictos, hablar de conflictos. Me sentía incapaz de iniciar una reflexión que me condujese, en primer lugar, a aceptar la nueva situación, y después a capearla y a tirar millas hacia adelante, hacia la vida. Sabía que lo tenía que hacer, pero había en mí un rechazo a todas aquellas cosas en tanto en cuanto fuesen fuentes de conflicto: no me aceptaba en el interior de una situación así, en una encrucijada así, yo, que siempre había mantenido un orden vital más acá de cualquier eventualidad de esta clase. Bien, pero ahora tenía que ir más allá, buscar un más allá que incluía aceptar el presente. Y no lo aceptaba. Creo que estaba preparando una nueva fuga. Pensé en irme a Venezuela como delegada de ventas, pensé en casarme inmediatamente con un vecino viudo y muy sensato que me tranquilizaba, pensé... ¿Pensé?»

> Vamos a entender por fuga una pseudosolución de la encrucijada que está fundada en una ausencia de reflexión y, por tanto, de racionalidad. Y que está pensada (quizá no intencionalmente) para no solucionar la situación, sino para eludirla.

Puede parecer paradójico «pensar para no solucionar», pero es que muchas veces la solución a un conflicto o a una encrucijada puede ser intuida como desestabilizadora de creencias, costumbres, hábitos: desestabilizadora de nuestra definición de la realidad, en pocas palabras. Por eso la conducta de fuga tiene tantos partidarios: tiene la lógica de la gratificación inmediata, aunque vaya seguida de toda clase de nuevas frustraciones.

En general, todas las conductas elusivas o no resolutivas existen porque incluyen ese premio inmediato, el mismo premio del que hablamos cuando estábamos en la cuestión de la irracionalidad.

Frente a la fuga, el compromiso con la situación es una actitud más difícil de asumir porque, como en todas las actitudes racionales, hay una demora de la gratificación.

> El compromiso con la situación es la consecuencia de una posición activa que lucha por no eludir la situación. No es una posición hacia la fuga: es una posición activa que asume la situación. Alcanzar un compromiso con la situación es adoptar una posición activa realista.

No es fácil ese compromiso, pero es posible.

> La idea central para alcanzar el compromiso con la situación es aceptar que las cosas pudieran ser de otra manera a como nosotros las hemos supuesto y que es preciso rehacer algunas de nuestras ideas: una actitud muy abierta.

Toda situación requiere un análisis específico, tanto más cuanto que la situación de encrucijada es siempre una situación nueva. Un análisis de la situación nos ha de llevar a una buena definición de la situación, que es un diagnóstico de lo que ocurre tomado desde una actitud racional.

Fragmento 27: «No sabía qué elegir para hacer un diagnóstico preciso. En principio jugaba con dos opciones, y la primera se sintetizaba así: "chica estúpida es estafada y abandonada por un marido guapo, inteligente y canalla". Y la segunda así: "marido estúpido huye de la inteligencia de su mujer". La segunda me parecía más justa, pero daba la imagen de una mujer inteligente (y fuera, por tanto, de su papel de boba universal y reproductiva) que acogotaba a su pobre marido (un pobre y honesto trabajador, si bien cualificado) desde su poderío mental. Pero la primera opción parecía inducir una reacción en la audiencia del tipo: "le está bien, por tonta". Los tontos, aunque abundan, tienen peor prensa que los canallas ("no hay tonto bueno", dice un amigo mío). Ensayé a asumir una y otra versión, alternativamente, y ensayé a ejecutarlas en público. Después de una temporada de insatisfacción pública y privada con ambas versiones, decidí algo así como ser realista, que en mi caso consistió en una versión que el tiempo demostró más cierta y a mí me ayudó más a salir del túnel: "estos dos imbéciles han sido empujados por la vida a odiarse para siempre. Pero ella, una chica lista, eludió esa tarea del odio, solucionó los problemas prácticos, y encaró la vida de otra manera". Y así lo hice, pero anduve unos meses dando tumbos por mis derrumbes. Siempre he sido un poco así: extremosa, y quizá algo simple. Me gustaría que pensaran que se trata de una simplicidad inteligente.»

LA HOSTILIDAD Y EL AFECTO O LA REALIDAD COMO CASTIGO

Estamos hablando de la realidad como de una abstracción filosófica o como si fuera algo neutral ante nuestros problemas, y quizá estoy olvidando que la realidad también es eso que aparece como algo amenazante y desagradable cada vez que el mundo nos coloca en una situación difícil. Decimos «volver a la realidad» para expresar la amargura del fin de un sueño. Llamarle a alguien «realista» puede ser hasta un insulto, y sólo se acepta como positivo en un contexto laboral o político. Probablemente se esté hablando de cosas distintas, porque somos los mismos los que usamos las expresiones sobre la realidad positiva y negativamente.

La visión negativa de la realidad debe tener que ver con esa hostilidad absolutamente real con que la realidad nos trata o nos recibe cuando la pisamos. No cabe hacerse ilusiones en este sentido:

> La realidad tiene una parte hostil que no debemos eludir, porque esa hostilidad expresa lo más sustancial de las dificultades del ser humano para vivir en colectividad: competencia con los demás, dificultades para comprender y para hacernos comprender, problemas graves para organizar eficazmente la vida colectiva, y todo lo que atañe a las cuestiones que obstaculizan una vida más placentera y amable. Una persona en situación de encrucijada tiene una visión generalmente exagerada de esta hostilidad.

Fragmento 28: «Nunca tuve una conciencia más aguda de mi individualidad y de mi soledad que en aquellos días difíciles (entonces hubiera escrito "infernales") en los que eso que llamamos la realidad me parecía una cosa que había justo al otro lado de la puerta del piso (y que a veces asomaba la patita por debajo: una patita peluda y pringosa) y que estaba esperándome para que purgara alguna de mis culpas o alguno de mis errores en su vientre ballenáceo. Me decía a mí mismo "pobrecito Jonás", y a veces se lo decía de mí mismo a los que me llamaban. Algunos de ellos me siguen llamando Jonás. Sigo pensando que de la puerta hacia afuera las cosas cambian sensiblemente, y que la realidad es un bicho hostil. El que yo haya controlado algunos de sus zarpazos a golpe de reflexiones "realistas" (qué paradoja) no quiere decir que haya llegado a firmar una paz duradera. Simplemente: me he convertido en un discreto paseante de sus orillas. Y nada más. Mi recuperación ha entrañado algún reajuste de mi percepción de la realidad y, por lo tanto, de mi trato con ella. Pero no nos queremos.»

Está claro que, al menos, hay que llegar a algunos acuerdos limitados o concretos con la realidad que nos permitan vivir de forma menos imprevisible. Lo que llamo la hostilidad de la realidad es la sustancia de la misma vida, y es ineludible. La tentación de fuga de la realidad es muy grande en una situación de crisis, y a veces esa fuga se consolida en síntomas y brotes patológicos nada deseables:

> Mantener una actitud de resistencia a la tentación de fuga de la realidad que toda crisis induce es una garantía frente a la aparición de síntomas, brotes o conductas anormales que pueden llevarnos a añadir problemas a los problemas. Una actitud de resistencia quiere decir mantener la conciencia de que es preciso aplazar para mejores momentos las críticas y lamentos hacia la realidad, y no perderla ahora (a la realidad) de vista, con todos sus elementos hostiles.

Comenzaba yo este capítulo tomando el título de un libro de un investigador (*¿Es real la realidad?*) y quería expresar con ese título las dificultades, no ya filosóficas sino pragmáticas o vitales, para entender lo que queremos decir cuando decimos «realidad». Y quería hablar, entre otras cosas, al albur de esas dificultades, de la sensación de distancia y de niebla anímica que tenemos ante la realidad (ante «el mundo»), sobre todo cuando nos sorprende con conflictos, crisis, problemas o encrucijadas. Una niebla y una distancia que nos sitúan en un cierto estado de flotación sobre el mundo, como si fuéramos ajenos a él o como si hubiésemos pegado un salto hacia el aire y allí plantáramos nuestra percepción para mirar hacia abajo y sentir que caminamos entre cosas extrañas a través de un universo extraño. Esta sensación de extrañeza, que ya he citado alguna vez más atrás, es una defensa espontánea ante nuestras dificultades con el mundo. Pero no es bueno hacerla estable y duradera, porque esa sensación de irrealidad, una vez cubierta su función primera, y quizá necesaria, de alejarnos momentáneamente de las fuentes del conflicto, puede instalarse como modo o estilo de vida y asentar una dificultad definitiva para entendernos con el mundo.

> *Fragmento 29*: «Era como si toda yo fuese metida en mi cabeza (una cabeza sola, en el aire, avanzando) y no tocase con nada al mundo. Sólo mi cabeza mirando a un mundo lejanísimo. Llegué a creer que era una fantasma y desfilaba tranquila por el mundo sin que nada de éste me concerniera. Esa sensación se fue asentando en mí hasta establecer una barrera de niebla con el mundo que acabó por alarmarme de verdad. Llegué a pensar que vivía una irrealidad, o que la realidad no era real, o que era, como creo que dijo Unamuno, un sueño de Dios, y que en cuanto éste se despertara yo desaparecería. La habitante de un sueño, eso era exactamente. Un personaje deambulando por los sueños de alguien. Creo que fue esa dosis de realismo que siempre mimé en medio de mi pequeño caos la que me obligó a retomar el mando de mi cabeza. Eso, y mi voluntad de hacer las cosas bien, a pesar de todo. Hacer planes, cumplirlos y ampliarlos. Y me fui convirtiendo en una alta

ejecutiva de esa empresa que era yo misma. Y comencé a arreglar goteras. Si tuviera que resumir toda aquella época de pesadilla diría que fue un triunfo de la voluntad. No creo que haya otra salida que ésa: poner algún orden en nuestros actos y no esperar milagros. Y los cambios van viniendo gota a gota, hasta la victoria.»

UN CIERTO RELATIVISMO PARA RENACER

Decía más arriba que nuestros errores de conocimiento del mundo pudieran ser sólo relativos, y les invitaba a un cierto relativismo general en la forma de hablar y pensar sobre aciertos y errores. Y lo hacía pensando en esos bandazos que damos ante ciertas situaciones de conflicto o encrucijada en las que un cierto principio de economía mental nos invita más a buscar soluciones contrarias o inversas (cambiar de blanco a negro, en la expresión popular) que a reflexionar sobre cambios más racionales. Es más fácil invertir nuestro conocimiento del mundo que cambiarlo racionalmente. Invertirlo no cuesta mucho trabajo, basta introducir en nuestra mente el operador lógico «todo lo contrario» para que todo cambie, aparentemente. Pero llegar a reflexiones y acciones nuevas que no son necesariamente «todo lo contrario» de lo anterior es más trabajoso y complicado.

Por todo eso hablo de relativismo:

> Una actitud relativista nos defiende de esos bandazos típicos de las situaciones de crisis y encrucijada y nos ayuda a mantener un estado de apertura mental hacia nuevas alternativas vitales.

Ese relativismo consiste en aceptar que el concepto de «error» (e insisto en ello desde el principio del libro) no es un absoluto que podamos evaluar de forma precisa o que no dependa de situaciones o contextos muy específicos, y una vez liberada nuestra conducta de esos contextos pueda recuperar (nuestra conducta) su funcionalidad y su eficacia. Así, la búsqueda de otras cosas, de una racionalidad alternativa, de una conducta correcta, etc., debe hacerse siempre desde esa perspectiva relativista. Ésa es la mejor manera de entender la realidad, que tampoco es un absoluto: nosotros la creamos y actuamos de acuerdo a esa creación: la realidad es también, en parte, una fantasía nuestra. No tanto, sin embargo, como para no mantener con los demás muchas zonas de coincidencia que nos unen a una cierta percepción común de lo que sea el mundo o la realidad. Si nuestra fantasía nos lleva a establecer una realidad exclusiva, hemos roto ese vínculo con la colectividad y estamos con un pie, o con los dos, en un mundo exclusivo. Y ése es el peor camino de salida a una crisis.

> *Fragmento 30*: «Y fui viendo cómo ella, en vez de mirar al mundo, empezaba a construir espacios exclusivos: nunca había cocinado, pero ahora se pasaba horas cantando y guisando cosas raras. O hacía ganchillo mientras hablaba muy bajito con alguien imaginario. O entraba en un estado de silencio y permanecía así toda la tarde, frente al piano, mirándolo como hipnotizada. O leía muchísimo, sin levantar la cabeza, y tomaba notas sin parar. Yo no podía sacarla de ese estado y tuve que recurrir a ayuda profesional. Guardo, de aquella terrible experiencia, la idea casi obsesiva de que uno no debe, en ningún caso, dejarse arrastrar por esa corriente que nos quiere llevar al interior de los más profundos pasadizos mentales.

Hay que resistir a toda costa a esa tendencia, salir a la calle, hablar con la gente, resistir. Resistir, ésa es la palabra. Ya sé que es difícil, pero algo había que hacer (y lo hice) contra esa melancolía que estuvo a punto de acabar con ella.»

Mantener el contacto con la gente, no huir del mundo en las situaciones de encrucijada, seguir ahí aunque resulte incómodo a veces afrontar a los demás. Ser receptivo y luchar contra la rigidez, aguantar esa falta o aparente falta inmediata de salidas.

> Mantener el contacto con la gente es ya una forma de sano relativismo, al aceptar que los otros quizá no tengan toda la culpa de nuestros males, y que éstos, nuestros males, requieren una reflexión algo más sofisticada que aquella que nos lleva a culpar al mundo de ellos. Mantener el contacto con la gente es una forma eficaz de huir de esa soledad maligna de las encrucijadas, con su acarreo de fantasías negativas sobre los demás y el mundo.

6. Pensar y hablar: la palabra expresiva

LA PALABRA

En una situación de encrucijada, la palabra, que es el puente con los otros, tiene una función central: mantener y mejorar la comunicación objetiva y expresiva, y así, manteniendo ese puente, mantener esa relación con el mundo o con la realidad, relación que es tanto más preciosa cuanto más se agudizan los conflictos. Hablaba más arriba de esa resistencia al silencio que hay que mantener en las situaciones críticas. La palabra es el instrumento de esa estrategia que nos va a permitir evitar esa intimidad negativa que las situaciones de conflicto generan en algunas personas. La soledad, como las psicoterapias, han de practicarse, sobre todo, cuando uno está relativamente bien (aunque conoce sus problemas) y ninguna de esas cosas añade riesgo a una situación de crisis.

> Aprendemos las cosas, las incorporamos a los hábitos, rutinas, guiones o, simplemente, al pensamiento, y las transformamos en conducta. También en conducta verbal.

El conocimiento acumulado sobre el mundo está en el pensamiento, y esa corriente de pensamiento que lo expresa lo hace con la palabra escrita o hablada. O, incluso, con otras formas expresivas muy importantes, como la conducta no verbal. La gestualidad traduce también un estado de ánimo, y aunque la cara no es, necesariamente, el espejo del alma, el conjunto de nuestra conducta no verbal acaba por transmitir a los demás nuestro estado de ánimo.

> La palabra es el conocimiento expresado. Si nuestra expresividad no se inhibe ante el conflicto y logramos transmitir a los demás algo de nuestros problemas de encrucijada, llevamos una ventaja comunicativa que revertirá en nuestro favor.

Fragmento 31: «Tenía un cosido invisible en la boca, de tal manera que, cada vez que tenía que expresarme ante mi gente, una desgana me obligaba a callar, hasta que su insistencia me sacaba alguna palabra, poca cosa. Alguien me dijo que aquella actitud les transmitía de mí la idea de una persona angustiada que gritaba desde el fondo de un pozo del que no quería salir. Creo que era exacto. Pero alguna lucidez debía mantener aún porque me fui proponiendo "decir", decir cosas, poco a poco, cada día un poco más, e ir aceptando la conversación, incluso la conversación más comprometida. Mi liberación empezó así, empecé por la palabra. En este sentido, aquella crisis representó para mí un cierto cambio expresivo, porque la persona que salió de la crisis valoraba y practicaba mucho más las posibilidades expresivas a su alcance.»

PROBLEMAS DE COMUNICACIÓN

Tener problemas de comunicación comienza a ser una rutina urbana, y hay mucha gente que se diagnostica a sí misma ese problema, y hay otra mucha gente que se lo diagnostica a los demás. Sumadas ambas cifras, pocas personas quedan fuera de ese diagnóstico general. Así pues, los problemas de comunicación son ahora más frecuentes que antes o, quizá, somos ahora más conscientes que antes de la importancia de mantener un buen nivel de comunicación.

Podríamos filosofar de forma elusiva sobre esta importante cuestión, pero a mí me gustaría situarla en su contexto más material para encontrarle alguna posible relación con algunos hechos constatables de nuestra sociedad. De una parte, parece que las culturas urbanas altamente competitivas han incrementado la desconfianza mutua («todo lo que diga puede ser usado en su contra») y limitado la comunicación expresiva. De otra parte, el incremento del conocimiento sobre nosotros mismos y el incremento de nuestras posibilidades, por tanto, de autocriticarnos y corregir algunas cosas, nos está llevando a una clara percepción colectiva de nuestras insuficiencias en ese terreno comunicativo.

> Las culturas urbanas de los países avanzados, con la enorme competitividad que comportan, parecen limitar la comunicación expresiva. Éste es el factor más negativo para lograr un buen nivel de expresividad individual. Pero la conciencia del problema ayuda a resolverlo.

Fragmento 32: «Cómo iba a desahogarme en el trabajo, con mis compañeros (y no eran malos compañeros, y algunos eran incluso muy buenos compañeros), si eso significaba hacer de mi problema una cuestión colectiva, significaba bajar unos cuantos puntos ante la dirección, significaba mi definitiva catalogación como cronopio infame (o como gilipollas, realmente), significaba, en fin, convertirme en protagonista de las conversaciones y de las puyas, gracias, falsos afectos (y también auténticos, claro) y todo lo que arrastra una situación así. Por otro lado, tampoco me sentía inclinado, por razones similares, a expresarme ante algunos buenos amigos. Aquella pequeña paranoia comunicativa se unía a la incertidumbre, la angustia, la ansiedad, y a todos los problemas objetivos de la situación. La consecuencia fue una tensión creciente que no tenía salida. Entonces empecé a pensar en alguna estrategia para romper el cerco que yo había establecido sobre mí mismo.»

Saber que existe el problema es ya un paso, pero no es fácil expresarse en las situaciones de encrucijada. Sabemos que los demás no sólo son potenciales o reales adversarios, sino que, en el mejor de los casos, no nos conocen lo suficiente como para darnos consejos fundados. Somos pesimistas sobre la eficiencia de las buenas palabras. Pero en todo caso, pensamos, nos escucharán y podremos soltar algún lastre. Pero hay toda una filosofía popular urbana («no es mi problema», «no me des la vara», etc.) que parece ridiculizar al que intenta expresarse.

Los modelos de comunicación interpersonal están muy objetivados: se transmite información, se busca información, se comenta alrededor de temas de interés objetivo (y el interés objetivo es muy diverso, según cada grupo social), y se rellenan los espacios con cosas secundarias. Pero la comunicación expresiva, en la medida en que nos hace más vulnerables, retrae a las personas y a los grupos y queda limitada a la pareja amorosa, y no siempre. El mismo amor es un sentimiento crecientemente objetivado (racionalizado, podríamos decir, en algún sentido dudoso de la palabra): la quiebra, en parte, del modelo romántico, o su modificación, con el cambio de roles tan rápido de los últimos decenios, retrae también la expresividad amorosa en algunas parejas, sobre todo en aquellas parejas medias, «políticamente correctas» en su relación, que viven el amor como una necesidad social, sexual, objetivamente necesaria, pero en el marco de una creciente competencia interior en el seno de la pareja por el poder real en diversos ámbitos. Estas transformaciones, que no son necesariamente malas, parece que llevan consigo, por ahora, una mayor dificultad comunicacional (o, al menos, de la puesta en escena de la comunicación al estilo clásico, en el que la misma expresividad estaba limitada por roles estables, y era, esa comunicación, muy previsible, aunque fuera realmente expresiva, pero siempre en el marco estable de lo esperado).

La cuestión es que no parece haber demasiados estímulos hacia la expresión, y eso le da un carácter especial y más insidioso a los problemas, conflictos o encrucijadas.

> La comunicación expresiva exige una posición activa y muy consciente de todas las barreras que la limitan para poder plantearla intencional y eficazmente en los momentos de encrucijada.

MEJORAR LA EXPRESIVIDAD

Expresarse es comunicarse de una manera especial, que yo he adjetivado como expresiva: no sólo se transmite o recibe información, sino que esa información alude (más intensamente de lo habitual en toda comunicación) directa o indirectamente, verbal o no verbalmente, al estado de ánimo del comunicador o a sus problemas. Es una comunicación en la que el factor «expresarse a uno mismo» prima sobre otras cosas. A veces es espontáneo, pero a veces necesitamos forzarlo de manera especial.

> *Fragmento 33*: «Era de tal magnitud el bloqueo expresivo que tenía, que tuve que proponerme, de manera muy intencional, el salir de casa a comunicarme como otros salen a comprar tabaco. Elegí a una amiga. Creo que elegir no es el verbo exacto, porque aquélla era la única amiga con una cierta proximidad afectiva a la que podía dar la vara sin sentirme muy incómoda. Me propuse sorprenderla desde el principio, rompiendo el papel de persona cauta que yo siempre había jugado con ella. Tuve que tomarme un vermú para arrancar, pero enseguida me empecé a ver a mí misma de otra manera y empecé a verla a ella escuchando y matizando, expresándose también a su modo, y ayudándome a entender aquella madeja de situaciones de mi particular encrucijada.»

Incrementar la expresividad, sobre todo para aquellas personas (la mayoría) que no son particularmente expresivas, es una cuestión de voluntad, como todas las cosas de esta clase. Puede decirse entonces, como crítica, que esa expresividad no es espontánea, y que entonces no es eficaz. No es así. El mero hecho de intentarlo pone en marcha todas las disposiciones que tenemos a salir de nosotros mismos, e inicia un proceso en el que la expresividad forzada va a irse convirtiendo en expresividad espontánea. Y ya no se trata ahora, en exclusiva, de liberar problemas, sino de expresarse en general: decir (oportunamente) lo que uno piensa o siente, y decirlo sin autocoacciones.

> Ser asertivo es expresarse sin autocoacciones y decir lo que uno piensa o siente, dentro de los límites, amplios, de lo razonable. La aserción es una victoria sobre la inexpresividad y sobre las frustraciones y problemas que ésta produce.

Fragmento 34: «Nunca me consideré una persona excesivamente tímida. Tenía de mí una imagen de persona más bien callada y prudente, pero no tímida. Y menos aún patológicamente tímida, como alguien me dijo. Es cierto que en algunas situaciones no me sentía bien, como cuando iba a un comercio, sobre todo de ropa, y a medida que la dependienta me iba dando a probar cosas que no me gustaban me entraba un enorme malestar por tenerle que decir que no e irme sin comprar. Muchas veces he acabado por comprar cosas que no me convencían.»

Decir que la voluntad es nuestro instrumento principal para desencadenar la acción no es una banalidad: es una forma de decir, como insistí en otros lugares del texto, que cualquier cosa depende de nosotros mismos. No hay una píldora, ni siquiera una psicoterapia, ni ninguna otra cosa, que pueda sustituir esa decisión. Y en este sentido, y aunque no estemos acostumbrados a ello, planificar nuestras acciones en época de crisis es algo necesario. La expresividad es una de esas cosas que pueden y deben ser planificadas. Y es posible hacerlo en línea con ese trabajo racional sobre nosotros mismos que he venido recomendando y diseñando desde el principio del libro.

> *Fragmento 35*: «Me habían insistido en que fuese asertivo y que procurase expresarme sin que tuviera que arrepentirme de dejar en mi cabeza cosas importantes que tenía que decir. Hice un esfuerzo muy grande, pero dije, efectivamente, lo que tenía que decir. Me miraron todos pasmados, como si fuesen un jurado ante el que el reo se pavonease de sus crímenes, y cuya única forma de castigar mi impertinencia iba a ser el veredicto: culpable, naturalmente. Pero no fue así. Al contrario: fue el principio de un cambio de las relaciones del grupo hacia mí. Un principio que yo había planificado y que pude cumplir.»

Hay que tener en cuenta, a la hora de diseñar algunas acciones para mejorar nuestra situación anímica y objetiva, que la mayor parte de nuestras conductas nos las fijan los demás por consejo nuestro. ¿Y este galimatías qué quiere decir?:

Las expectativas de conducta que creamos en los demás hacia nosotros se las hemos inducido nosotros con nuestras conductas previas. Y a partir de ahí, se va fijando rígidamente una definición de nosotros en los demás que fija nuestro rol o papel y que hace difícil cualquier cambio en sus expectativas y en nuestra conducta. Somos, decimos, como ellos quieren. Pero esto sólo es parcialmente cierto.

Somos como ellos quieren porque ellos nos miran como nosotros queremos (o quisimos) que nos mirasen: es una interacción de expectativas en la cual fijamos mutuamente nuestros roles fijando nuestras miradas, entendiendo mirada en el sentido sociológico y psicológico: como percepción del otro o de lo otro, personas y cosas.

Pero a veces nuestro papel no nos gusta, y entonces desearíamos un cambio en la percepción o en la mirada del otro, pero:

> Para cambiar la mirada del otro es preciso modificar los datos que sobre nosotros mismos le hemos dado, y ése es un problema complejo en el que juega un papel central la expresividad.

En las situaciones de encrucijada es frecuente que deseemos un cambio de rol, de papel, de mirada del otro, de expresividad, y de todo lo que nos ayude a un cambio de vida forzado o voluntario que exige una redefinición de la realidad y una modificación del entorno que sustenta nuestra permanencia en un rol indeseado: una modificación de los otros para cambiar su forma de vernos.

Fragmento 36: «Tenía que decirles a todos que yo ya no era así o no quería ser así. Tenía que pedirles o forzarles a que me vieran de otra manera, pero no sabía cómo. Se me hacía muy difícil consolidar los avances si no contaba con los demás. Cuando me decidí a planificar mi expresividad y provocar un cambio de imagen cambiándoles a ellos la mirada, estaba casi en una actitud científica, experimental. Hubo un momento en que todo aquello, más que desesperarme, me entretenía. Y entonces supe que ya estaba cambiando. El día en que tuve humor para reírme en profundidad de mí misma supe que aquello iba muy en serio.»

LA CONVERSACIÓN

La conversación es el lugar interactivo en el que habitualmente nos encontramos a los demás. No hablamos de cualquier manera ni de cualquier cosa: cada interlocutor, cada contexto, cada estado de ánimo, y otras muchas variables, definen o limitan el espacio simbólico de la conversación: el campo de juego, se podría decir. Cada conversación es, entonces, un mundo propio, un acontecimiento único. Obviamente, no es lo mismo una conversación objetiva de tipo comercial o informativo, que una conversación amistosa entre dos o más personas, estando alguna de ellas en una situación de encrucijada.

> La conversación es el lugar natural de la expresividad comunicativa, y es el lugar de definición y redefinición de roles. En una estrategia de cambio de la mirada del otro, la conversación es fundamental. No es lo único, sin embargo: las acciones intencionalmente significativas completan el significado de la conversación.

En una situación de encrucijada, la palabra y la acción, o la acción verbal unida a la acción general, permiten intentar un cambio en uno mismo y en la mirada ajena.

En la conversación expresiva, la prioridad es el mundo propio, la transmisión del mundo propio. Transmitir el propio mundo no quiere decir, necesariamente, hablar de uno mismo: quiere decir, sobre todo, hablar asertivamente.

La palabra asertiva es aquella que lleva dentro nuestra mirada sobre el mundo, nuestra sensibilidad, nuestra creencia. No es algo ajeno a nosotros, rutinario, que usamos como instrumento de comunicación primaria para decir la hora, informar de un hecho, o cualquier cosa en la que nosotros no entremos o apenas entremos o no queramos entrar para darle una entonación, una prosodia específica. La palabra asertiva va con nosotros dentro.

Una conversación para cambiar la mirada del otro ha de ser así: expresiva, asertiva. Transmitimos lo que pensamos y cómo somos, sin otra limitación que la del sentido común, nunca la de la represión expresiva en grado insoportable para nuestra expresividad.

> *Fragmento 37*: «A medida que iba hablando con aquella naturalidad forzada, e iba viendo cómo se me aceptaba así, me afirmaba en mi estrategia, aunque seguía muy incómoda en mi nueva manera. Tardé un tiempo en sentirme mejor, pero lo fui logrando mientras veía cómo me miraban de otro modo. No puedo decir que fue fácil, pero sí puedo decir que fue mérito mío: nunca tiré la toalla, y aquella insistencia acabó por modificarme y por modificarlos a ellos.»

Claro que no es fácil modificar nuestros usos expresivos. En el terreno de la lucha contra nuestras malas rutinas mentales nada es fácil, y es por eso por lo que he de recordar frecuentemente el papel de la voluntad y de la constancia. En última instancia lo que estamos haciendo es modificar condiciones muy antiguas y asentadas de nuestro conocimiento: usos y costumbres cognitivos de muy largo recorrido vital.

> La revolución expresiva requiere voluntad y constancia, pero este proceso es fuertemente autorreforzante, puesto que al tiempo que cambiamos nuestros hábitos comunicacionales vamos viendo a los demás cambiar los suyos hacia nosotros. A medida que avanzamos, el efecto positivo se va imponiendo a la angustia generada por el diseño y el esfuerzo expresivo.

LOS OBSTÁCULOS DEL ENCUENTRO EXPRESIVO

No sólo por nuestra parte hay obstáculos para la comunicación expresiva: en general, la comunicación expresiva es muy limitada en el entorno urbano. Ya habíamos subrayado esto. Pero la comunicación asertiva (que vamos casi a identificar, a grandes rasgos y en el sentido que nosotros le damos, con la comunicación expresiva: expresar lo que se piensa o siente) depende, sobre todo, de nuestra voluntad. Voluntad limitada, sin duda, por el contexto social. Pero incluso las limitaciones de ese contexto son salvables. Más difícil es ser aceptado como interlocutor de «nuevo tipo» por esa parte del contexto o del entorno que son nuestros interlocutores. Porque también nuestros interlocutores tienen problemas, y no sólo porque, como nosotros, tengan dificultades para expresarse, sino porque, como nosotros, tienen dificultades para identificarnos como interlocutores en cuanto abandonamos nuestros usos comunicativos.

El encuentro expresivo es particularmente difícil cuando nuestro interlocutor no acepta los cambios y no nos acepta como interlocutores en nuestro nuevo rol expresivo. En ese caso, es preciso seguir a la busca de ese interlocutor ideal y flexible.

Fragmento 38: «Con algún amigo, aquella nueva forma de expresarme fue un inconveniente para la misma amistad. Creo que lo interpretó casi como una agresión o una desconsideración, pero lo único que yo había hecho era expresarme, y lo hice con la misma proximidad de siempre, si bien de forma más matizada, buscando identificarme más con mis palabras. Creo que creyó que yo intentaba "subirme(se) a sus(mis) narices", como él mismo contó a amigos comunes. Lo único que había hecho es darle mi opinión sobre mi propia situación, y mi opinión coincidía poco con la suya. Si me hubiera callado me hubiera sentido muy mal.»

Aunque nuestra decisión sea firme, nuestros cambios siempre sorprenden a los demás y no tienen por qué ser bien aceptados. Hay que estar preparados para esto, y la mejor preparación es siempre el dominio de nuestra racionalidad (saber lo que estamos haciendo) y la flexibilidad de nuestras estrategias (contar tanto con las modificaciones que quizá deberemos ir introduciendo en ellas como con el lugar y el momento adecuados para dar nuestras pequeñas o grandes batallas expresivas).

Quizá deberíamos conocer mejor a los otros, para poder elaborar estrategias más completas en las que incluyamos también a los demás, en la consideración de que la vida social es interactiva y, por tanto, como ya hemos insistido, cualquier cambio que se introduzca en ella por nuestra parte será mejor recibido y más fácil de asimilar por los demás si contamos previamente con sus posibles reacciones o actitudes. Algunas veces podríamos acertar en nuestras previsiones y limitar los problemas de nuestros cambios expresivos, porque, si nos sentimos excesivamente rechazados, es muy posible que tengamos que retroceder, con el riesgo de una importante regresión en el control de la situación de encrucijada. Conocer a los otros es una operación que normalmente hacemos de forma rutinaria, pero ahora, como tantas otras cosas, debemos introducir intencionalidad y consciencia en esa operación. En la forma rutinaria habitual de conocer a los demás, nos dejamos llevar por sensaciones y problemas inmediatos, de tal manera que a veces nuestra relación tiene unos niveles muy elementales o superficiales de tipo instrumental: éste me sirve, éste no me sirve, etc., siempre de acuerdo con unos criterios de utilidad no sólo excesivamente egoístas, sino, lo que es peor, erróneos. Pero también pasamos de una idea instrumental de los otros a una idea romántica y altruista, en el otro extremo de nuestras posibilidades interactivas. Estos bandazos tienen que ver no sólo con nuestras conveniencias (en el sentido puramente utilitario de la palabra) sino con el estado de nuestros afectos, que en periodos de crisis se hacen particularmente conflictivos. Vamos a entrar ahora en ese tema de «los otros» para intentar percibirlos de una manera más justa y quizá más compleja.

7. ¿Cómo son los otros?

LA DEFINICIÓN DE LOS OTROS

En sus escritos, un buen conocedor de las tácticas guerrilleras como Mao, el que fuera presidente chino, decía algo así como que «una buena definición del enemigo» es fundamental para ganar una confrontación. Los demás, o los otros, en la vida social, no son nuestros enemigos, aunque frecuentemente los vivamos así, como auténticos enemigos. Habría que cambiar esa perspectiva agresiva de los otros, aun aceptando que en la vida contemporánea son muchos los factores que convierten a los otros en adversarios y a veces, incluso, en enemigos. Pero en realidad son nuestros compañeros de aventura humana, social y terrestre. Compañeros de viaje, aunque a veces vamos todos en incómodos autobuses en los que hay que compartir asiento, bocadillo y todo lo demás.

No vamos a pelear con los demás, pero vamos a conocerlos mejor: a definirlos mejor, no para combatirlos o para ganar una batalla distinta a la suya, sino la misma. Si no nos definimos bien mutuamente (si no nos conocemos), los riesgos de desencuentro expresivo son máximos.

Una buena definición de los otros nos va a permitir mejorar nuestro punto de vista sobre las relaciones humanas y, en consecuencia, mejorar nuestras perspectivas de encuentro y ayuda de/hacia los demás en situaciones de conflicto, crisis o encrucijada.

Para definir a los demás podríamos ir de más a menos: de nuestras proximidades a nuestras lejanías. Buscar identidades no significa ignorar la fuente de diversidad que es el ser humano tomado como individuo. Pero esto último no es un inconveniente, sino una extraordinaria constatación: a pesar de todo lo que compartimos, somos únicos. En situación de encrucijada, los otros son fundamentales para apoyar nuestra salida del túnel y nuestra elección de camino. No son enemigos ni adversarios, pero son distintos: su percepción de las cosas podría no coincidir mucho con la nuestra. Ni sus experiencias, su historia, sus cogniciones o conocimientos, sus definiciones de la realidad y de la situación, y tantas otras cosas. No son enemigos, pero a veces lo parecen: nuestros mundos chocan, y cuando tratamos de comunicar con ellos nuestro diccionario del mundo tiene muchas entradas léxicas distintas a las suyas. Vamos a entender por diccionario del mundo a ese libro invisible en donde resumimos todo lo que pensamos sobre lo que conocemos (en sentido amplio de «conocer»), y donde está todo eso que citamos hasta ahora: nuestros guiones y nuestras definiciones, entre otras cosas. Todos llevamos un diccionario así en la mochila mental.

Si comparamos, a través de algunas cosas que sabemos de los demás, nuestro diccionario del mundo con el suyo, podemos llegar a la desesperante conclusión de que tenemos muy pocas cosas comunes. Pero si comparamos otras cosas que podemos encontrar leyendo entre líneas en los diccionarios, también podemos concluir que ciertas formas de actuar y reaccionar, ciertas creencias no muy explícitas, ciertas costumbres en la forma de conocer las cosas, etc., son comunes: son eso que llamamos el sentido común de una época. Y eso une mucho.

En general, nos separan nuestras interpretaciones del mundo pero nos unen las formas de actuar. Tómese esta afirmación de forma muy laxa, apenas como una afirmación muy genérica con intención didáctica.

Los otros somos nosotros mismos con otra historia.

LOS OTROS SON SIEMPRE PEORES QUE UNO MISMO

No quise poner interrogantes en este enunciado porque se trata de una rotunda afirmación que buena parte de nosotros llevamos dentro, aunque no seamos muy conscientes de ello. Se trata de una cautela defensiva por nuestra parte, a la espera de que los demás nos demuestren su superioridad moral, y es preciso subrayar bien el adjetivo, porque sabemos muy bien que hay gentes mucho mejores que nosotros en territorios muy objetivables (jugar al billar, pilotar aviones, jugar al fútbol, manejar partículas elementales, descuartizar reses, cantar...). Pero no son mejores en otras cosas íntimas: en esas buenas intenciones que nosotros tenemos, en nuestros deseos de justicia, en nuestra generosidad, nuestra honradez. Incluso, si entrevistamos a muchos maleantes indiscutibles, la idea que tienen de sí mismos es extraordinaria, y no les faltan motivos altruistas para toda clase de desmanes.

> *Fragmento 39*: «Lo primero que se vio afectado por aquella separación fue la estima moral hacia mí misma. Me sentía culpable. Probablemente no lo era, pero tenía tan alta idea de mí en ese terreno, que aquella situación me situaba ante una posible culpa y ante una imagen debilitada. Descubrí, efectivamente, que no era tan buena como yo me imaginaba. Al menos mirado desde mis ideas morales de siempre. Bien, todo aquello me hizo más vulnerable en ese sentido, y no lo siento. Me encuentro ahora dentro de unos modos más racionales, creo, que me permiten estimar mejor a los demás y a mí misma. Toda aquella superioridad moral en que me educaron no me ayudó mucho.»

Esa superioridad moral defensiva es una pésima compañía vital, y peor aún en condiciones de conflicto, crisis o encrucijada, porque nos dificulta el acceso a los demás, que se sitúan como compañeros de viaje inabordables, presos de una condición moral que los hace incapaces de entendernos y ayudarnos. De forma insidiosa para nuestra buena salud interactiva (social, mental) los demás se van separando de nuestra ruta invitados a ello por nuestra superioridad moral. De esta forma, nos encerramos en un círculo de incomprensiones frecuentemente creado por nosotros mismos.

> Los otros se constituyen como enemigos cuando nuestros análisis de la situación les niegan la posibilidad de tener nuestras propias cualidades. Esto es una actitud defensiva que nos fortalece, aparentemente, pero nos separa del mundo.

En una situación de encrucijada es «lógico» (es una forma de racionalidad, aunque perversa) que se produzca un repliegue sobre uno mismo (hemos mencionado esto cuando hablamos de la necesidad de apertura): nuestra autoestima exige una superioridad compensatoria a nuestro estado de duda, crisis, conflicto o encrucijada. Y se pone en marcha lo que podríamos llamar una «racionalidad compensatoria», cuyo objetivo, al margen de la realidad e incluso de la verdad, es otorgarnos una seguridad en nosotros mismos a la medida de nuestras dificultades. Pero esta seguridad, también compensatoria, al estar fundada sobre elementos no siempre reales ni ciertos, acaba por constituirse en un obstáculo importante.

> *Fragmento 40*: «Es cierto que me sentía muy mal y que el mundo se me iba de las manos, pero me ayudaba a caminar con la cabeza muy alta un sentido de la dignidad que me daba fuerzas: los demás me parecían como una especie de muñecos tirados por hilos que yo podía ver desde mi lucidez. Pero ellos no, ellos se creían dueños de sus actos y se empeñaban en ver en mí una persona con problemas. Me fastidiaba mucho que

> me vinieran con aquella cara de santones a preguntar por mis desdichas y a intentar ayudarme. ¿Ayudarme?..., por favor. Hoy sigo en esa dignidad y en ese desprecio. No he arreglado mucho de mi vida, pero al menos no he ido por ahí a pedir limosna afectiva a todos esos pájaros.»

Esto es un contrafragmento, si tenemos en cuenta el carácter de los que hemos ido recogiendo hasta ahora. Hay mucha gente que «resuelve» así sus crisis: no las resuelve nunca, para ser más exactos. Un bloqueo hacia los otros les impide pasar de esa racionalidad compensatoria a una racionalidad normal. El mundo se les hace hostil, se encastillan y se van autodestruyendo en esa fantasía con rasgos persecutorios. A las propias dificultades reales del mundo han añadido su propia irrealidad compensatoria. No han sido capaces, y no quieren serlo, de situar sus problemas en un marco interpretativo más correcto.

> ¿Qué es poner un marco interpretativo adecuado a nuestros problemas? De forma clara y eficaz se puede decir que es rodear los problemas de buenas definiciones de la realidad y de la situación. Y hacerlo así significa abrirse a la busca de esas buenas definiciones: los demás, frecuentemente, nos pueden ayudar.

¿PERO EXISTEN LOS OTROS?

No sólo nos equivocamos gravemente al interpretar nuestros problemas «contra los demás» haciendo marcos o encuadres interpretativos de tipo persecutorio y compensatorio, también podemos errar en nuestro enmarque del otro de muchas maneras alternativas. Quizá otra de las más frecuentes es la de ignorar a los demás, que es una forma de negación de la realidad en la que se vive como si los demás no existieran.

> *Fragmento 41*: «No sólo me sentía "solo en el mundo" a la manera en que esta expresión se puede decir de un personaje de un drama social o sentimental: me sentía realmente solo. Realmente quiere decir eso: realmente, en realidad, de verdad. El mundo era un coche, una mesa de trabajo, un restaurante y una casa con una cama para dormir y un sillón para deprimirse. No había nadie. Si acaso, sombras. Bultos fugaces y molestos que me interrumpían estas rutinas y que eran los otros. Entonces no eran nada, obstáculos, quizá árboles raros, piedras. Qué duro fue todo aquello hasta que las sombras comenzaron a materializarse. Y entonces no las dejé escapar. La verdad es que no puedo quejarme de aquellas cosas que resultaron ser personas: gracias a ellas fui cambiando. Pero antes tuve que reconocerlas como personas.»

La desaparición de los demás, sobre todo en situaciones de conflicto, es una forma de centrar el mundo en nosotros y de eludir la interacción social o el trato con la gente, que nos producía angustia y que añadía un factor de incomodidad explicativa que nos obligaba a hablar de nuestros problemas. Los otros son testigos incómodos de nuestros males, y no sólo los culpamos de ellos más allá de lo razonable, sino que los hacemos desaparecer cuando ya no podemos asumir su existencia como mirones de nuestra vida, porque nuestra vida ya no nos gusta.

Y cuando los demás se convierten en esas sombras de que hablaba el fragmento anterior, es porque nosotros también hemos resuelto vivir en un mundo de sombras. Todos los instrumentos de defensa de los que hemos hablado hasta ahora no han sido activados por nuestra voluntad, y la crisis, el conflicto o la encrucijada se deslizan por sus propios pasos hacia su desarrollo natural: una irrealidad, una irresolución y una frustración permanentes.

En esa perspectiva, la crisis no es dominada por nuestra racionalidad, sino que nos domina ella. El sentido de este libro es evitar que eso ocurra poniendo en acción esa voluntad, esa posición activa, esa demora del éxito o esa racionalidad de la que ya hemos dicho muchas cosas. Sin embargo, los síntomas de esa pérdida del sentido de la realidad nos acompañan incluso en medio de nuestro despliegue de esos instrumentos para dominar la crisis. Por eso es necesario insistir en que:

> Es preciso hacer todos los esfuerzos conscientes para mantener el contacto con los otros y con la realidad, y esto entraña una cierta violencia sobre esa tendencia natural en muchas crisis y encrucijadas de apartarse de todo.

LA POSICIÓN DEL OTRO

Quizá para entender a los otros no hay mejor opción que la de situarse uno mismo como otro o ponerse en la posición del otro, y esto no sólo entendido como que intentamos ver el mundo desde ese otro concreto en el que nos situamos

(¿cómo verá el mundo esta o esa persona?), sino también como nosotros mismos situados en esa posición de «otro» frente a los demás (¿cómo me verán a mí?): ¿me verán también como un enemigo, como una sombra, como...?

> *Fragmento 42*: «Cuando estaba en plena crisis, convencida de los horrores del mundo, entre los cuales no era el menor el de la existencia de eso que llamamos "los demás", de los que yo huía, cuando no despreciaba, se me acercó él con cara de indignación y me dijo, sin más, "¿no crees que ya es ahora de que pienses que nosotros, tus odiosos amigos o compañeros o como quieras llamarnos, también tenemos sentimientos, también nos gusta que se preocupen de nosotros, también existimos?". Me pareció sorprendente aquel discurso, porque yo estaba convencida de que, efectivamente, había gente (los demás) sin problemas, y había una persona (yo misma) que era un puro problema. Bueno, no lo había pensado nunca en esos términos, pero de hecho era así, y aquellas palabras, que me indignaron en primera instancia, me dieron un tema de meditación para aquella tarde y acabaron por empujarme al cambio. Si tengo que evaluar todos aquellos días, creo que aquel incidente fue un acontecimiento decisivo. Visto desde ahora puede parecer una minucia, pero esas minucias, en esos momentos, son oro puro.»

Pero ponerse en la situación del otro no es fácil, acostumbrados como estamos a centrar el mundo en nosotros, y entonces esa nueva posición es un ejercicio casi imposible, en el que se nos requiere para que salgamos de nosotros mismos y nos pongamos detrás de los ojos y de los sentimientos ajenos. Pero no es imposible del todo si conseguimos pensar en los demás por un momento (y eso es también un descanso para nuestro malestar egocéntrico de toda encrucijada o crisis) y evaluar sus posibles conflictos o sus posibles satisfacciones. Pensar en los demás es el primer paso para ponerse en su lugar, y en cuanto les dedicamos unos minutos a alguno o algunos de esos «demás», acabamos por entrar un poco en ellos y, entrando, nos llevamos la curiosa sorpresa de encontrarnos a nosotros mismos.

> El camino más corto hacia uno mismo son los otros. En una situación de crisis, no sólo hay que conservar el contacto con la realidad o con los otros, sino que hay que entender que uno mismo está ahí, en la realidad del otro, y que vernos desde esa mirada ajena nos devuelve a nosotros mismos.

Si los demás nos ven, en parte, de acuerdo con la información que nosotros mismos les vamos pasando, cambiar la mirada del otro es introducir cambios en esa información: nuestros cambios, en cuanto se hacen reales y llegan al otro, comienzan a modificar su mirada, aunque esa modificación no sea, necesariamente, buena para nosotros, o no lo sea, al menos, en un primer momento.

Entre «ser como los demás quieren que seamos», y «ser como nosotros queremos ser», está esa negociación sin papeles a la que me he referido con anterioridad. Uso el término «negociación» en el sentido habitual del término, aunque estos negocios del alma tengan sus peculiaridades, y no es la menor de ellas el ser «sin papeles», lo que los hace más etéreos y complicados. Son, además, negociaciones a partir de señales no siempre claras que nos mandamos los unos a los otros («¿Qué me habrá querido decir?», «¿En qué estará pensando?, etc.). Conocer a los demás es dominar algo mejor ese sistema de señales: atender a los otros.

8. Tiempo, felicidad y placer

EL PRESENTE Y EL FUTURO

En situación de encrucijada, el futuro tiende a desaparecer del horizonte porque desaparece el mismo horizonte. Pero no sólo el futuro: la primera víctima del conflicto pudiera ser el mismo presente, que al fin y al cabo es el espacio y el tiempo de la angustia y de los problemas.

> En una situación de encrucijada, el presente y el futuro representan la angustia real y la posible, por eso el movimiento hacia atrás o regresivo es una reacción natural, pero no deseable.

El presente es el causante en nuestra mente de los conflictos que han hecho crisis, y de la misma forma que negamos otras muchas cosas por huir de ellas, en muchas encrucijadas escapamos también del presente hacia momentos más estables de la vida. La negación del presente nos sitúa en una recreación del pasado al gusto de nuestra sensibilidad, no reflexivamente, sino de forma impropia: como el que vuelve al lugar en el que se niega el progreso propio, el cambio, la madurez vital. Y entonces, la melancolía ocupa el lugar de la posición activa.

> La melancolía es un sentimiento diverso, pero con frecuencia es un sentimiento regresivo que induce diversas formas depresivas y nos bloquea la acción hacia delante.

Fragmento 43: «Siempre había vivido la melancolía como un sentimiento literario, un poco adolescente, que me reconfortaba de los males del mundo y me devolvía a la inocencia perdida. No era una mala sensación: llegaba la tarde y, como en las novelas románticas, "un velo de niebla melancólica cubría su mente", que era la mía, mi mente, que se ponía en esa onda mientras el mundo se iba nublando y sólo se veía mi propia sombra al fondo de mí misma. Pero cuando la melancolía vino de verdad lo convirtió todo en un problema. Tuve que pedir ayuda, incluso ayuda profesional, porque aquel estado me llevaba hacia una depresión. Gracias a aquella ayuda y a mi propia voluntad de salir, aquellos sentimientos crepusculares fueron poco a poco desapareciendo.»

Estar en el presente es resistir a todas las fuerzas que tiran de nosotros hacia atrás en situación de encrucijada, y estar en el presente significa disponerse a usarlo, el presente, como el único lugar en que podemos dar la batalla a la crisis y como el lugar en el que debemos mejorar nuestras posibilidades vitales. Si el pasado es la ficción de un regreso mental que nos fija a nuestro territorio más seguro, a costa de no vivir y no remontar nuestros problemas, el futuro puede ser, mal usado o mal pensado, la excusa para la demora en nuestras decisiones y el permanente aplazamiento de una estrategia racional para la encrucijada.

La solución a nuestros problemas y el disfrute de los días han de plantearse en el presente, porque si el pasado es irrecuperable el futuro es la permanencia en la inacción. Las estrategias de encrucijada explicitadas hasta ahora sólo son reales si se plantean como una realización en el presente.

El trío conceptual con el que se inicia esta parte del libro (tiempo, felicidad, placer) hay que entenderlo desde esa otra tríada, pasado, presente y futuro, en la que nos hemos situado. Si la felicidad es entendida normalmente como un objetivo, más que como un hecho real, es porque nos ayuda a mantener alguna esperanza sobre la mejora de nuestra condición vital en algún momento inconcreto de un futuro inconcreto. Y mientras esperamos que esas inconcreciones se concreten, el presente se nos va de las manos. Pero no se nos va de las manos porque no estemos en condiciones de disfrutarlo, sino porque nos produce una gran desazón la idea de que es posible disfrutarlo, pero eso exige algún cambio en nuestra forma de vivir. Buena parte de los problemas, conflictos, crisis o encrucijadas están fundados en las dificultades que nos ponemos a nosotros mismos para vivir el presente de una forma más placentera, pero al mismo tiempo no somos capaces de intentarlo real y racionalmente.

> *Fragmento 44*: «Toda mi vida hasta ahora fue una constante planificación de un futuro que jamás llegó. Mi incapacidad para vivir un presente siempre demorado hacia ese futuro hizo que el presente se me convirtiera en un lugar indisfrutable. Todo lo que

tenía pensado hacer, organizar, leer, escribir, viajar, amar, todo eso se demoraba un día y otro mientras me limitaba a las rutinas cotidianas y las ponía como excusa ante mí mismo y los demás para no hacer lo que de verdad me apetecía. Cuando la crisis se me echó encima y me puse a combatirla, el descubrimiento del presente fue el principal síntoma de ir por el buen camino. Y cuando descubrí aquel presente lleno de unas posibilidades que jamás había visto o querido ver, me eché a la calle como un vagabundo y lo primero que hice fue eso, deambular, conocer mi ciudad, sus calles, sus gentes, sus árboles, sus iglesias, todo, como el que quiere recuperar un tiempo perdido que aún estaba al alcance de la mano. Y estaba. Comencé a planificar mis días para huir de las rutinas, y comencé a disfrutarlos. Descubrí el presente y el placer de vivir aquí y ahora.»

El placer de los días, como dice el fragmento, es el premio al que descubre lo que tiene delante de sus ojos. Mientras nos neguemos al presente, el placer se nos escapa y nos visita ese terrible concepto de la felicidad hacia el futuro, la felicidad como una arpía que nos tienta para evitar el placer, la felicidad (así entendida) como un mito malo cuya función principal es negarnos el presente. En casi toda crisis late esa malignidad de la idea de la felicidad como futuro frente al presente que se vive de forma no placentera, y esa idea de felicidad hacia el futuro nos evita la resolución del malestar presente.

> La función de la idea de la felicidad en el futuro es impedir la realización de los placeres del presente, y esto es así porque la idea del placer cotidiano nos obliga a cambios vitales, pequeños o grandes, que nos angustian.

Empezar a resolver una encrucijada, cualquier encrucijada, es irse a vivir en el presente, aceptar el presente, y desde ahí y desde una posición activa, ir poniendo los medios sobre los que hemos ido reflexionando en común hasta ahora.

LOS MIEDOS COMO FRONTERAS

El miedo es ese peculiar sentimiento de retracción hacia algo, sentimiento defensivo y razonable que nos avisa de las dificultades de una situación presente o anticipada. A quien carece de ese mecanismo de aviso (Juan sin miedo, de los cuentos de los hermanos Grimm) a lo mejor es preciso arrojarle un balde de agua fría con peces mientras duerme, como a Juan el destemido, para activárselo, porque sin miedo difícilmente sobrevivirían mucho tiempo ni nuestro cuerpo ni nuestra salud mental. El miedo es muy necesario.

El placer de los días, el disfrute del presente con lo que nos ofrece, da miedo. ¿Qué clase de miedo?

> *Fragmento 45*: «Entre el mundo y yo, o entre la realidad y yo, como queráis llamarle, había una frontera y en esa frontera había un gendarme. Era el miedo. Tenía miedo. Un día descubrí que tenía miedo de cruzar esa línea que me podía devolver al mundo, a los demás y a mí misma. Que me devolviera a los días como algo distinto a las rutinas que me habían llevado a aquella tristeza. No sabía cómo traspasar aquella línea hasta que un día descubrí que sin la voluntad de hacerlo no era posible. Y comencé a trabajar mi voluntad y a disponer mis días de otra manera. Y lo hice.»

El miedo es bueno, pero sólo hasta cierto punto y a determinadas cosas. No siendo así, es un buen detector de problemas a resolver. Las crisis o las encrucijadas se nos llenan de miedos. El miedo está en la encrucijada (en el *cruceiro*) como esas estampas en las que un diablo nos espera allí, al pie del crucero, para conducirnos a la peor de las tentaciones. Pero la peor de las tentaciones, en este caso, es quedarnos allí en lugar de pisar el mundo e iniciar el camino a través de los días, que son la unidad del alma, si me permiten repetir una expresión sintética y necesaria. Recuperar el día (y por tanto eso que llamamos el día a día) es el objetivo inmediato del que traspasa la frontera y vence al miedo (al miedo malo).

El miedo es un buen detector de problemas, decía, y quisiera añadir que esto es así no sólo para los profesionales que pudieran ayudarnos en una situación difícil, sino también para nosotros.

> Guiarnos por nuestros miedos puede ser un buen lema si lo entendemos correctamente: allí donde hay un miedo puede haber una posibilidad de cambio y de resolución de encrucijada.

«Guiarnos por nuestros miedos» es sólo una frase que hay que saber ejecutar desde la perspectiva de que un miedo es, en general, una defensa ante una supuesta amenaza. Y en situación de encrucijada buena parte de las amenazas lo son hacia supuestos posibles cambios en aspectos de nuestra conducta que podría ser necesario cambiar y que el miedo nos evidencia y nos impide realizar. Y en ese sentido el miedo señala el lugar del cambio. Reflexionar sobre los miedos es un buen ejercicio cuando estamos encarando, desde una posición activa y racional, la superación de la encrucijada y el camino hacia el futuro desde un presente que estamos reorganizando.

EL PLACER DE LOS DÍAS Y EL PESO DE LOS SIGLOS

Si la unidad del alma, la mente, la sensibilidad, o como ustedes quieran llamarle, es el día, en el sentido en que un día cubre toda la evolución de la sensibilidad, desde el amanecer a la noche, desde la luz a la sombra, y el día organiza nuestra vida laboral también, y el día nos hace recorrer el trabajo y el ocio, y tantas otras cosas básicas de nuestros actos fundamentales, si el día es así, el siglo es la unidad más genérica que manejamos, la unidad histórica, aquella que nos permite reunir nuestras experiencias, las de nuestros padres, abuelos e hijos, según y cómo, y así podemos situarnos como personas del final del siglo XX o mediados o principios, o situar a los más pequeños como gentes del siglo XXI, y al hacer todas estas disposiciones temporales, al ubicarnos en el tiempo, trazamos una mirada general a la historia y acotamos aquella parte de ella que nos corresponde a nosotros y a nuestros antecesores y sucesores. El siglo es esa unidad intelectual que nosotros mismos separamos de nuestros sentimientos y usamos como referencia distante para referirnos a la inserción cultural y temporal del conjunto de nuestra vida. Si el día habla del alma o del sentimiento, afecto o personalidad, el siglo habla de la vida.

El día es entonces la unidad del placer y del cambio personal, y es inútil demorar eso que llamamos «felicidad» y situarla en las coordenadas históricas del siglo, como si fuera algo ajeno a nuestro placer, a nuestro presente o al transcurso del día o de los días. El día es el momento del cambio y del disfrute, y esa inmediatez de todas esas cosas quizá nos provoca su elusión (miedo, amenaza), la huida mental hacia lo que llamamos «el siglo», hacia la unidad histórica, en la que situamos, en algún punto hacia el infinito, nuestras posibilidades de cambio y felicidad. Esta conversión de nuestra felicidad en historia futura y utopía, nos impide el disfrute y el uso de los días.

> Uno de los aspectos centrales de la superación de nuestras crisis, conflictos o encrucijadas es la recuperación del día como el lugar en que es posible el cambio. Nuestra educación, sin embargo, va normalmente en sentido contrario: todo lo bueno puede ocurrir en algún punto futuro de nuestra historia.

Si hemos definido una agenda de cosas a resolver en relación con nuestra encrucijada (si vamos cumpliendo algunas de las exigencias importantes que hemos visto hasta ahora), el uso del día como unidad de acción nos ayuda a situarnos en la realidad y a no realizar falsos aplazamientos al futuro de las cuestiones que la situación de encrucijada exige resolver.

Si a estas dos opciones expuestas les llamamos «la mirada del día» y «la mirada del siglo», podemos resumirlo diciendo que la mirada del siglo es un acto de distancia intelectual que sirve para situarnos en la historia colectiva, pero que la mirada del día es un acto autoubicativo que nos sirve para situarnos en la historia individual, en el día a día de las cosas, lo que es lo mismo que decir en el día a día de nuestra encrucijada o nuestros problemas.

> *Fragmento 46*: «Fui adquiriendo a lo largo de mi vida una habilidad para situar cada cosa, cada acontecimiento, cada persona, en un continuo histórico, y todo lo veía así, sin que nada me obligara a aterrizar en el día a día, en las cosas como son hoy, como si los días fueran el adorno de un proyecto colectivo de carácter histórico en el que mi vida diaria no se integraba sino como espera, la sala de espera de una felicidad que nunca me llegaba. Los días eran algo despreciable y yo los trataba con desprecio. Cuando decidí vivir y disfrutar de los días me sentí a mí mismo, por primera vez, como protagonista de una historia diaria. Y desde ahí empecé a construir una salida a mis desastres.»

A LA BUSCA DE NADA

Porque la felicidad, desde la perspectiva más negativa (la mirada del siglo), es algo que le ocurre a los demás (aunque a veces nos consideremos felices a nosotros mismos, quién sabe por qué raras razones de conveniencia mental, aunque un observador ajeno e imparcial nunca lo diría), por eso buena parte de nuestros intentos de placer o de felicidad están basados en una cierta imitación de esas personas a las que creemos dotadas de esa virtud histórica de la felicidad. Y zarpamos a la busca de sus conductas (culebrones, literatura varia, cine, teatro, revistas del corazón, televisión más o menos basura) a ver si alguna clase de contagio o afortunada imitación nos conduce a las puertas de esa felicidad que la historia, de momento, nos niega, y que siempre aplazamos a ese futuro utópico e imposible. Pero algún rasgo de ese futuro pudiera haber en el presente: son las vidas de esos privilegiados, en nuestro criterio, que son la historia y la felicidad, todo junto, y cuya vida es espejo más o menos cercano para nosotros.

Y de esa forma vamos buscando en esas gentes insertarnos en la historia y en la utopía feliz, y olvidamos nuestro propio entorno, nuestra felicidad directa, el placer instantáneo y vital de los días. Si entendemos la felicidad como ese disparate futurible que nos separa del mundo y de la vida, entonces el placer, el disfrute de los días, el instante de la dicha, son enemigos jurados de la felicidad y ésta de ellos: son antitéticos. La vida vicaria o sustitutiva que vivimos a través de esos personajes públicos (la felicidad vicaria que anuncia falsamente la nuestra propia) nos impide vivir nuestra propia vida.

En una situación de encrucijada, el placer, la felicidad, el disfrute, es algo que se nos aparece, más que nunca, como algo ajeno. Nuestra dificultad para aceptar el presente, nuestro movimiento de huida hacia atrás o hacia adelante, nos lanza a la busca de nada, de un espejismo de la dicha que nos distrae de nuestras estrategias de reorganización vital. Más que nunca, en una situación de conflicto, la busca ha de hacerse en el entorno, en la inmediatez, en la vida tal como se nos da en ese momento, por dura que sea.

> Ese intento de ir a toda prisa hacia ninguna parte, como alguien sintetizó ciertas conductas, es típico de las situaciones de conflicto. La idea del instante como lugar de la acción nos centra en el día a día, en la cotidianeidad, que es donde vamos a ganar nuestra particular batalla contra algo indeseable de nosotros mismos.

Pero la idea de «demora» tiene la fuerza de una idea que libera alguna angustia («Hoy no voy a hacer nada») por el mero hecho de aplazar la acción. Tiene, por tanto, la misma estructura de todas las ideas negativas: nos premia o refuerza en un primer momento para crearnos luego mayores dificultades.

> En general, cuando se está en una encrucijada, hay que desconfiar de las ideas o conductas inmediatamente gratificantes, porque salir bien de una crisis es complicado y trabajoso, y debe hacerse de acuerdo con unos criterios de ritmo y racionalidad a los que no se ajustan esas ideas o conductas que llevan a gratificaciones inmediatas.

Estas pseudosoluciones de esta clase específica (demora de la acción y reducción de la angustia que genera la misma acción) son enemigas también específicas de la posición activa que ya habíamos logrado, y ayudan a reinstalarnos en la posición pasiva y a dejar para el futuro cualquier acción de cambio real. Tienen el atractivo de la pereza reparadora, pero atentan directamente contra nuestro motor vital, que es la posición activa. No pasará mucho tiempo para que nos devuelvan, como todas las pseudosoluciones, su auténtico legado: hemos perdido el tiempo, hemos dado pasos atrás y ahora estamos obligados, cada vez con mayores dificultades, a restaurar la posición activa y la racionalidad.

9. El menú del mundo

ALGUNAS OFERTAS BÁSICAS

El menú que el mundo ofrece no es un menú estático: podemos cambiarlo. Casi todo podemos cambiarlo. Entiendo por menú del mundo la oferta que nos han ido inculcando o que hemos ido asimilando a lo largo de la vida.

> En las situaciones de encrucijada el menú del mundo parece limitarse a las obligaciones vitales hacia nosotros mismos y hacia los demás. No hay ninguna oferta satisfactoria. A partir de ahora, todo el trabajo racional de superación de la situación está encaminado a abrir otro menú satisfactorio, y que el mundo ofrezca nuevas posibilidades de gratificación.

Hay ofertas fundamentales y acreditadas sin las cuales parece imposible una vida satisfactoria. Dos de esas ofertas son el amor y el trabajo. La primera de ellas, el amor, puede ser una de las más afectadas por la crisis, pero también el trabajo, como un bien relativamente escaso, puede estar en medio de otras muchas crisis. O ambas cosas juntas.

El amor, como instrumento de la reproducción biológica de la especie humana, tiene ese prestigio de lo imprescindible, y como tal ocupa nuestra mente desde la socialización infantil. Esa necesidad amorosa tiene una vertiente histórica, necesaria, colectiva, que es la de la reproducción a que nos obliga la conservación de la especie, y tiene otra íntima, personal, afectiva, que es esa a la que nos empuja nuestro sistema afectivo, interactivo o de dependencias. Ambas cosas juntas nos dan el perfil de ese sentimiento tan complejo y conflictivo que está detrás, explícitamente, de muchas crisis, conflictos o encrucijadas. Y cuando no lo está tan explícitamente lo está implícitamente. De alguna forma, no siempre clara, anda el amor detrás de nuestras frustraciones, miedos y cambios.

> *Fragmento 47*: «Nunca había sentido tanto esa necesidad afectiva que llamamos amor y que hacía siglos que yo había olvidado. En medio de todos aquellos problemas que se me echaban encima, la ausencia de afecto no hacía más que agravarlos, pero tenía mucho miedo de iniciar algo de lo que me iba a arrepentir. Tenía clara la idea del anunciado fracaso desde el mismo enunciado del amor como entrega incondicional a otro. Porque eso no es posible y no puede durar. Ese fatalismo añadía melancolía a un estado de ánimo ya lamentable. Desde ese estado los veía a todos como enemigos insidiosos, y mi conducta se ajustaba a esa consideración. Algo debían notar ellos, porque me miraban con esa lástima del que mira a una imbécil en crisis. Y así mis problemas se iban quedando sin compañía. Y ya no digo compañía amorosa, sino, al menos, con esa compañía del afecto que la gente, o alguna gente, saben dar cuando se la requiere desde una posición algo más normal que la mía.»

Hay una idea maximalista del amor, y también una minimalista. Ambos extremos son formas de evitarlo. Como en otras deformaciones, la función de esas definiciones de la realidad (amorosa, en este caso) es eludir la angustia que nos crea la normalidad de las cosas (la normalidad entraña una aceptación del mundo a la que no siempre estamos dispuestos). No aceptar el mundo es evitarlo o eludirlo, y esas estrategias de evitación o de elusión pasan por maximalismos y minimalismos, según nuestro estado de ánimo, pero siempre entrañan una deformación excesiva de la realidad que conduce a una negación del problema. Y en esa negación nos sentamos tranquilos, a la espera de que el problema regrese por la puerta de atrás. Porque los problemas vuelven como visita inoportuna en el peor momento.

> En una situación de encrucijada los maximalismos y minimalismos abundan (entre otras formas de eludir el mundo), pero los problemas que eludimos por esos procedimientos no racionales están esperando para regresar, y cuando reaparecen lo hacen de una forma mucho más insidiosa que en su origen.

El maximalismo amoroso toma la forma de un romanticismo excesivo, exagerado, impropio, alejado de toda realidad racional y próximo a la versión celestial del mundo tan propia de algunas formas de educación sentimental de la infancia. Los adolescentes son frecuentemente impulsados hacia modelos amorosos de este tipo por su socialización previa, modelos que chocan con sus urgencias biológicas y que les causan grandes y pequeños traumas morales y vitales.

Puede decirse que en estos modelos educativos amorosos hay un «exceso de orden» introducido en el supuesto caos de la instintividad. Son modelos típicos de situaciones socialmente muy represivas. En situaciones de encrucijada es muy normal la vuelta de estos modelos, tanto para frenar la búsqueda amorosa, que angustia al sujeto, como para apoyar ese camino de regreso al pasado que en muchos casos hemos emprendido.

Pero la minimalización del amor es la otra cara de las estrategias elusivas. Entiendo por minimalización del amor aquella definición de la realidad amorosa que limita a ésta a una cuestión estrictamente determinada: biológica, monetaria, e incluso afectivamente. Decimos algo así como «el amor es pura biología, o puro interés material, o pura necesidad de afecto». No es que una parte de éstas o de otras afirmaciones similares no sea cierta, pero lo es en otro marco de análisis o en otro encuadre analítico. El amor es, entre otras cosas, una necesidad biológica, material, afectiva, etc., y todo ello se integra en un conjunto que es, efectivamente, el amor, una cuestión compleja y poliédrica de la que es un componente central la comunicación, cuestión que requiere una reflexión específica.

Si nos imaginamos que cada uno de nosotros lleva en su mente un diccionario del mundo, tal como ya lo habíamos citado en otro capítulo (de alguna forma lo llevamos, ciertamente), y en ese diccionario llevamos una o varias interpretaciones de las cosas y hasta de las situaciones, entonces cada uno va poniendo en la comunicación con los demás esas interpretaciones, esos códigos personales. Cuando se da alguna coincidencia o mucha coincidencia entre los diccionarios de las personas, la comunicación tiene un punto favorable de partida (lo cual no garantiza el de llegada), pero cuando hay una divergencia grande entre los diccionarios, la comunicación tiene, a la inversa, un desfavorable punto de partida (lo cual no garantiza un desfavorable punto de llegada). En el primer caso la comunicación es más fácil y en el segundo más difícil, y después están los avatares existenciales que nos pueden ir separando o uniendo, según y cómo sean.

En una situación de encrucijada, es frecuente que las interpretaciones de los diccionarios se reduzcan, se hagan más rígidas, y que la comunicación con la gente se dificulte. El amor no es sólo un hecho biológico, material o afectivo, es (y quizá sobre todo) un hecho comunicacional. El amor, por tanto, acusa esta situación: nuestro diccionario está al servicio de nuestros miedos y regresiones, de las tentaciones irracionales y de todo lo que se encamine a la irresolución de la encrucijada, la crisis o el conflicto.

> Rehacer el diccionario quiere decir ir restaurando o cambiando nuestras interpretaciones a la medida de la estrategia racional de avance y salida de la crisis o encrucijada.

Esa nueva configuración del diccionario no es separable de todas las demás operaciones encaminadas a la superación de la encrucijada: en la misma lucha por la posición activa y la actitud racional, se van configurando las nuevas interpretaciones de las entradas léxicas («¿qué es el amor?», por ejemplo) o de las situaciones («¿qué significa esto y qué debo hacer ahora?») y se va elaborando un nuevo diccionario acorde con la nueva situación.

Fragmento 48: «A medida que mi crisis se iba haciendo más honda, mis dificultades para comunicar sentimientos, e incluso cosas más objetivas, se iban haciendo mayores, al tiempo que mis dificultades para interpretar las situaciones y para entender a las personas también se acrecentaban. Era como si hubiera ido dejando de tener algo en común con los demás y con el mundo. Cuando me puse en acción para afrontar de verdad todo aquello, la comunicación volvió, poco a poco, a restaurarse y hasta a mejorarse. Me volví a sentir otra vez como miembro del género humano, aunque fuera en calidad de polizón: sólo estaba empezando a remontar la crisis.»

Pero si el amor es una oferta complicada, aunque fundamental, del menú del mundo, el trabajo no lo es menos: él nos proporciona el sustento y la satisfacción de ocupar un lugar en el mundo, de ser útiles, entre otras muchas cosas. Muchas crisis o encrucijadas están vinculadas al trabajo, bien bajo la forma de insatisfacción o frustración del que se realiza, bien bajo la forma de su ausencia (la complicada situación de paro, tan frecuente). Y ante el trabajo tenemos también la tendencia, sobre todo en situaciones de encrucijada, a adoptar posiciones extremas: el maximalismo y minimalismo, por decirlo en los mismos términos que usé para el amor.

> El trabajo es no sólo la base de nuestro sustento, también es un símbolo de identidad personal y de acreditación social.

Una posición maximalista hace del trabajo el centro absoluto de la existencia (por encima del amor, por supuesto), y sólo acepta un trabajo máximamente satisfactorio en todos los sentidos: un trabajo que lo ocupa todo, la vida entera. Todo lo que no sea eso es una frustración irremediable. Estas personas, permanentemente frustradas en su maximalismo, crean alrededor de su frustración todo un diccionario del mundo que contiene un exceso de interpretaciones pesimistas, destructivas y autodestructivas, que acaban por volverse contra ellas mismas en situaciones especiales. Durante las crisis, conflictos o encrucijadas, esta idea maximalista del trabajo está muy presente, añadiéndose con frecuencia al maximalismo amoroso, y dando como resultado un maximalismo general en aspectos fundamentales del menú del mundo. En un conocido libro (*El derecho a la pereza*)* y quizá con cierto sentido del humor, Paul Lafargue parece referirse a esas personas con estas duras palabras: «Una extraña pasión invade a las clases obreras de los países en que reina la civilización capitalista; una pasión que en la sociedad moderna tiene por consecuencia las miserias individuales y sociales que desde hace dos siglos torturan a la triste Humanidad. Esa pasión es el amor al trabajo, el furibundo frenesí del trabajo, llevado hasta el agotamiento de las fuerzas vitales del individuo y de su progenitura. En vez de reaccionar contra esa aberración mental, los curas, los economistas y los moralistas han sacrosantificado el trabajo. Hombres ciegos y de limitada inteligencia han querido ser más sabios que su Dios; seres débiles y detestables, han pretendido rehabilitar lo que su Dios ha maldecido. Yo, que afirmo no ser cristiano, ni economista, ni moralista, hago apelación frente a su juicio al de su Dios, frente a las prescripciones de su moral religiosa, económica o librepensadora, a las espantosas consecuencias del trabajo en la sociedad capitalista.»

* Fundamentos, Madrid, 1980, p. 117.

Fragmento 49: «Tantos años haciendo un trabajo rutinario y estúpido, tantos acumulando insatisfacciones, tantos maldiciendo en lo que hacía, que una mañana de esas en que todo lo ves claro o crees que lo ves claro, se me vino el mundo encima bajo la forma de una crisis laboral. Es cierto, incluso visto desde ahora, que mi trabajo no me gusta, pero también es cierto que el trabajo no abunda y que el mío es bastante llevadero. Creo que no era el trabajo el centro de mi problema, aunque yo lo coloqué en una situación central. Era el conjunto de mi vida, que entonces era un puro transcurrir sin interés. También creo que me faltaba motivación para todo, no sólo para el trabajo. La crisis me sirvió para ver todo esto e intentar algunos cambios. Hoy el trabajo es una cosa más en mi vida, y fuera del trabajo me he creado un mundo satisfactorio.»

También hay, ante el trabajo, una posición minimalista que trata de restarle toda importancia. No es así. El trabajo, satisfactorio o insatisfactorio, es importante en la vida. En situaciones de encrucijada también podemos optar por el minimalismo laboral, que con frecuencia se traduce en conductas precipitadas y aventureras de abandono del trabajo existente por uno aún inexistente, creando un grave problema donde sólo había un problema. El tipo de irracionalidad que inducen las crisis, los conflictos o las encrucijadas nos puede llevar a ese tipo de conductas de abandono, bien desde posiciones maximalistas o minimalistas. La tentación de la huida incluye todas estas posibilidades y otras muchas: todas las que no sean el afrontar la crisis desde la racionalidad. Lo cierto, y es preciso insistir en ello, es que:

En situación de encrucijada, crisis o conflicto, todo está preparado para adoptar la peor de las soluciones posibles. La racionalidad necesaria es una racionalidad a contracorriente. No hay nada fácil en esas situaciones.

El tipo de soluciones que adoptamos espontáneamente suele estar en la línea de «mantener el sistema del conflicto», si bien por otras vías que nos parecen más satisfactorias. Pero ninguna lo es realmente si no incluye una revisión de ese sistema que alienta nuestros problemas. Si esto no fuera así este libro no tendría sentido. Si en algún momento estas líneas pueden parecer un sermón (aunque fundado, no lo olviden, en una perspectiva científica de los conflictos psicológicos y sociales), lo es en un sentido: toda persona en situación de encrucijada debe saber escuchar y saber aceptar que fuera de ella también pueden existir ayudas para su problema. Este libro quiere ser una de esas ayudas, y por eso a veces adopta la forma un poco cerrada del que no puede ofrecer a la gente en conflicto un mero catálogo de dudas o vacilaciones. Este libro debe ser algo más que un catálogo de tales vacilaciones, y en ese sentido puede parecer, a veces, un amable sermón con bastantes certezas. Otra cosa no tendría sentido. Pero por encima de eso deben saber los lectores, y seguro que ya lo saben, que la complejidad de los hechos mentales y sociales exige una inteligente elaboración propia de lo que aquí se dice, ya sea para aceptarlo, para criticarlo o para negarlo.

Más acá y más allá del amor y el trabajo, la oferta del mundo, explícita en nuestra cultura, o implícita en la realidad y oculta por nuestra cultura (y entonces hay que desvelar esa oferta), incluye cosas como el disfrute del arte, de la literatura, del deporte, del sexo, de la política, y de todo lo que pueda contener un instante o una vida de satisfacciones más o menos limitadas o ilimitadas. La vida incluye todo eso y mucho más, y hay que aprender a desvelarlo.

QUÉ ES SER REALISTA

En la sociología se conoce como Teorema de Thomas a un enunciado así: «Lo que definimos como real es real en sus consecuencias.» Esto quiere decir, en términos didácticos, que si estamos convencidos de que nos persiguen, aunque no sea cierto, nos pasaremos la vida huyendo. Las consecuencias de nuestras definiciones de la realidad son nuestras conductas, siempre y cuando no tracemos una distancia entre esas definiciones y nuestras conductas, en cuyo caso estamos ante una actuación (un *acting*), lo cual ocurre con frecuencia.

> Ser realista, en un sentido estricto, es conducirse de acuerdo con nuestras definiciones de la realidad. Pero en el uso común del término, ser realista es aceptar la realidad (definida por los otros, o por el llamado sentido común) aunque no nos guste. Y conducirse en consecuencia con ello.

Desde la perspectiva de una situación de encrucijada, todo esto quiere decir que todo conflicto se desarrolla en el marco de una definición de la realidad general que nos viene dada, y que no nos atrevemos a impugnar en algún punto: el menú del mundo incluye un cierto «trágala» sobre la realidad: la realidad es eso que la opinión común, el sentido común, o la cultura en que estamos nos dice que es. En la situación de encrucijada, los intentos (tan importantes) de redefinir la realidad son con frecuencia evitados por ese sentido común, que es un producto histórico y colectivo del que somos muy poco responsables como coautores, pero que hemos asumido desde hace mucho tiempo y lo llevamos dentro. En esas condiciones de presión social hacia el mantenimiento de nuestras definiciones parciales de la realidad o de la situación, en el marco de una definición de la realidad acorde con el sentido común general, acabamos por entender la necesidad de «ser realistas» como un acatamiento a ese sentido común.

Pero eso no es bueno para encarar racionalmente la crisis. Esa parte del menú del mundo que nos ofrece una versión de la realidad para uso común (que tiene también un uso positivo y necesario para entenderse con los demás, en ciertas condiciones) nos aparta del necesario trabajo de optar por puntos de vista propios y meditados.

> Lo que llamamos *sentido común* es una gran ayuda para la convivencia porque es una construcción colectiva, pero también, en ciertas circunstancias, puede ser un peso insoportable. Tanto es así que los científicos han de teorizar muchas veces contra ese sentido común, y nosotros, en situaciones de crisis, también hemos de intentar redefinir la realidad, y esto no siempre es coherente con algunas definiciones de sentido común.

Pero, en líneas generales, esa batalla entre nuestra necesidad de progresar y salir de la crisis y algunas creencias de sentido común heredadas de nuestra cultura no tiene por qué ser sangrienta. Todo depende de nuestra actitud ante las cosas, aunque hay que reconocer que en situaciones de crisis esa actitud no suele ser buena. Pero si conseguimos instaurar esa racionalidad que postulo desde el principio del libro, esa actitud ha de ser buena o mejor que antes, y ha de permitirnos confrontar nuestras estrategias con el sentido común vigente sin que ello signifique un drama insoportable.

Siguiendo esa línea argumental:

> Ser realista es ahora para nosotros aceptar esa confrontación pacífica entre diversas definiciones de la realidad, y evaluar cuál de ellas nos conviene para encarar la salida de la crisis. Ser realista, en este sentido, no es ser dogmático: es aceptar un debate con el mundo y con los demás.

Fragmento 50: «Siempre había sido una mujer realista, o al menos era lo que todos me decían. Yo también lo creo así. Pero también creo que en ese término, "realista", hay algo muy convencional, algo como decirle a uno que carece de sueños. Alguna cosa me dolía en mi realismo, y el tiempo me lo fue aclarando: no tenía mucho que ofrecer como alternativa a lo que el mundo me había dado como "realidad". Creo que era así: el mundo estaba hecho y yo sólo tenía que usarlo. Pero no me gustaba ni el uso ni el mundo tal como me lo daban. Y me puse a trabajar en el sentido de descubrir otras formas o partes o sentidos, no sé, de la realidad, y de su posible uso por una mujer que estaba en el guindo de casi todo. Y fui encontrando cosas, sensaciones, posibilidades, y algo de todo esto me puse a usar a mi manera.»

En situaciones de encrucijada es importante ser realista en el sentido definido: como negociación o debate con otras formas poderosas de entender la realidad o el mundo, porque están ahí y es mejor negociar con ellas que sufrir sus consecuencias. Negociar quiere decir aquí que debemos confrontar nuestros nuevos pasos y convicciones con el sentido común vigente e intentar una evaluación objetiva de las diferencias e identidades, así como de las consecuencias de nuestros cambios. Y una vez realizada esta evaluación, poner manos a la obra desde la razón y la intencionalidad de nuestros actos.

> Cualquier desavenencia con el sentido común general es soportable desde esa razón y esa intencionalidad o conciencia.

Ser realista con lo que hemos llamado el menú del mundo (ofertas básicas como el amor, el trabajo y otras) es, como en todo, ser coherentes con nuestra definición de la realidad y mantener abierto un debate con la de los demás y con el sentido común general. De ninguna forma podemos entender ya el realismo como acatamiento de lo que nos dan. En este sentido, temas emocionales como el amor requieren todo un reaprendizaje vital, y también lo requieren temas tan objetivos y determinantes como el trabajo. En ambos el sentido común es insuficiente e impreciso, aunque rotundo a veces en su exigencia de acatamiento. Desde ese sentido común amoroso y laboral se han gestado buena parte de las más angustiosas crisis vitales de la gente, y desde ese sentido común es difícil, en muchos casos, mirar hacia adelante. Probablemente la mayor parte de las encrucijadas entrañen una reflexión sobre una o ambas cosas, y esa reflexión debería hacerse desde este diálogo entre distintas definiciones de esas realidades, aunque partiendo de un rechazo a las visiones maxi y minimalistas de las que he hablado antes.

SALIR DEL TÚNEL O LA LUZ CEGANTE

Pero hay una situación nueva, afortunadamente: si hemos tenido mucha paciencia y algo de suerte, y después de haber transcurrido por esos territorios mentales y esas luchas que hemos superado, el túnel de la encrucijada toca a su fin y al fondo comienza a verse esa luz que dicen ver algunos que han estado al borde de la muerte. Vamos a utilizar nosotros (recuerden: ustedes y yo) también esa metáfora del túnel y la luz para representar ese momento en que, al fin, algún dato nos indica que comienza el final del túnel del conflicto, la crisis o la encrucijada.

> Hay un momento en el que una serie de síntomas se traducen en un regreso de la esperanza, algo así como sentir que nos vamos a sentir mejor, más que sentirse realmente mejor: el anuncio del fin.

Ese sentimiento de esperanza, aunque no vaya aún acompañado de hechos definitivos, es la luz al final del túnel. En cuanto volvemos a creer con firmeza en nuestras posibilidades regresa la esperanza, y ese regreso puede adelantarse cultivando ese optimismo que se añade a la razón cuando trabajamos correctamente sobre una estrategia bien diseñada y bien cumplida. Una de las buenas ventajas de una estrategia así (no de la acción por la acción) es la de adelantar esa esperanza.

> *Fragmento 51*: «Hubo un momento en toda aquella angustia en el que volví a creer en lo que hacía, en la posible eficacia de mis actos y en el dominio de mi voluntad sobre la situación. Creo que fue bueno para eso la firmeza que puse en organizar la salida de aquel desastre: al principio sin fe, pero con voluntad, pero enseguida regresó la fe de la mano de aquella voluntad que fue pudiendo con todos los obstáculos. Y aquella determinación me salvó. En cuanto volvió la esperanza empecé a ver el fondo de aquel túnel. Era eso que se dice, y que ahora lo entiendo en su plenitud, el principio del fin.»

Pero ese principio del fin puede ser desestructurante en la medida en que pueda desmovilizar nuestros recursos en el supuesto de que esa euforia se traduzca en un cese de la acción y en una restauración de las viejas conductas. Ésta es una tentación muy frecuente que conduce a una repetición continuada de unas crisis que no han encontrado en ningún momento una solución real o en las que se ha confundido esa solución real con la sensación del final, esa esperanza que ya parece en sí misma la solución, tal es su fuerza y la tranquilidad que transmite al ánimo de la gente angustiada en medio de su encrucijada. Pero la esperanza no es la solución.

Es preciso tomar la esperanza como lo que es, no como una realidad consumada, y continuar con nuestra estrategia hasta su cumplimiento.

Seguir la estrategia hasta su cumplimiento quiere decir que lo bueno que está ocurriendo es debido, probablemente, a nuestra posición activa y a nuestras reflexiones eficaces, y que esto no se debe detener nunca. Y no sólo no se debe detener para culminar el proceso en curso, sino que debe convertirse en una actitud vital: posición activa + reflexión = prevención de las crisis, problemas o encrucijadas. Una actitud vital así es una garantía de control o de reducción de la gravedad de nuestros problemas.

Una actitud vital positiva debe combinar la posición activa y la reflexión racional en los términos que hemos visto, y una actitud así es la mejor para una salida de la crisis. Su contraria es la actitud pasiva que restaura las conductas que condujeron al conflicto. El regreso de esas conductas tiene mucho que ver con ese trabajo inacabado que induce la esperanza, que nos lleva a la confusión entre el anuncio del final y el final mismo de la crisis.

10. Saliendo de la encrucijada

PREVENIR O ANTICIPAR

Salir bien de la encrucijada es regresar al mundo desde nuevas perspectivas, que son nuevas definiciones de la realidad luchadas durante la crisis, nuevas conductas, nuevas rutinas (nuevos guiones transformados en nuevos hábitos), y es, por tanto, presentarse en sociedad con nuevos libretos de actuación que ya han sido probados en el camino de salida. Hemos negociado con los otros, hemos ganado y hemos tenido que ceder. Es la vida como negociación permanente de nuestros papeles o roles. Nada es para siempre en estos territorios del alma, si me permiten usar una denominación inteligible (en la tradición propia) para nuestra capacidad cognitiva. Nuestra situación podría ser, sin embargo, como la de esos estudiantes que creen, ingenuamente, que al terminar una carrera han de dejar de estudiar.

> El fin de la encrucijada es el comienzo de un trabajo nuevo de prevención o anticipación, pero ya sin la angustia insoportable de los estados de crisis.

La angustia bloquea, impide, limita extraordinariamente nuestra capacidad de acción y reacción: es la dificultad básica de una encrucijada. Pero una vez que la angustia ha desaparecido, nuestras posibilidades se multiplican y nuestra capacidad de prevención o anticipación permite atender racionalmente a los requerimientos de la realidad para evitar el planteamiento de situaciones que puedan conducirnos a nuevos conflictos.

La capacidad de anticipación requiere un cierto entrenamiento en el análisis de nuestro entorno. «Análisis» es una forma de llamarle al hecho simple de «pensar de vez en cuando en», es decir: no ceder ante la instantaneidad vital, de la misma forma que no es bueno realizar proyectos a largo plazo y vivir esclavizado por estrategias desmesuradas de cumplimiento. Son también formas extremosas de negar la necesidad de «pensar en», de reflexionar, anticipar o prevenir, en los alrededores espacio-temporales en los que uno vive.

Buena parte de los malos hábitos cognitivos o de conocimiento de la vida inmediata y de la interacción social provienen de esa espontaneidad mal entendida del que cede a la improvisación, o esa patología del que todo lo planifica minuciosamente y a largo plazo. Son formas de elusión de la racionalidad sobre el presente, en sentido amplio de la palabra «presente»: uno vive en un momento de la historia colectiva, en un lugar, en un país, y los eventos ocurren alrededor de ese presente espacio-temporal, que es el que requiere una actitud de atención, anticipatoria o preventiva: la mayor parte de los problemas se anuncian a medio plazo, y en ese sentido son anticipables.

Fragmento 52: «Hubo un momento, a la salida de la crisis, en que me di cuenta de que estaba perdiendo el control sobre mí: había dejado de anticipar, vivía la alegría del instante sin otro límite que el miedo a la recaída, y todo lo elaborado en esos largos meses estaba arrumbado en mi cabeza, esperando otra crisis para volver a ejercer aquella racionalidad (que yo ahora asociaba a la angustia). Pero le fui viendo las orejas al lobo cuando empecé a percibir a mi alrededor un excesivo desorden que empezaba a desbordar mi capacidad de organización. No es que me sea particularmente simpática la idea de "orden", pero algún orden mental es necesario para prevenir el regreso de aquellas sombras.»

EL BAILE DE MÁSCARAS

Hay una sensación desconcertante al salir de una encrucijada con un cierto cambio en nuestros presupuestos mentales (esquemas cognitivos, definiciones de la realidad...): sentimos que somos otros, en cierto modo, y que estamos como en un baile de máscaras, vestidos para la ocasión con algunos andrajos de alquiler, pero que enseguida vamos a recuperar nuestro aspecto original. Sentimos, en todo caso, que estamos participando en ese baile, y que la condición humana es así: un desfile de disfraces. Siempre lo habíamos sospechado o incluso sabido, pero nunca se ve tan nítido como a la salida de una crisis. La cuestión nos interesa, pero no nos tranquiliza: atenta contra la unidad de nuestro ser, personalidad o yo. Atenta contra nuestro sentido del equilibrio mental, y tenemos una cierta angustia de salida de la crisis.

La angustia de salida de la crisis tiene mucho que ver, entre otras cosas, con esa sensación de extrañeza ante nosotros mismos, ante ese nuevo o seminuevo «yo» emergente que todavía no conocemos muy bien.

¿Pero en qué sentido puede ser cierta esa metáfora del carnaval («baile de máscaras») o la otra, también muy usada, incluso por los sociólogos, del teatro (la vida como un teatro: actores, escenario, y todo lo demás), o cualesquiera otras metáforas similares que se refieran al hombre como inesencial (cambiante, máscara) o como fingido ejecutor de un libreto («rol», dicen los científicos sociales). Todas estas metáforas, cuando se usan en un contexto, marco o encuadre moral, aluden a un «hombre hipócrita» que se cambia la máscara o finge un papel (todo alude a lo mismo), frente a un «hombre auténtico», esencial en su ser entero y verdadero, un hombre enterizo al que no afectan las circunstancias (los contextos o escenarios). De ese encuadre o interpretación moral de estas metáforas proviene también esa angustia del cambio tras la encrucijada (¡dejar de ser uno mismo!), hija de ese pensamiento enterizo sobre un hombre enterizo. Bien, es un pensamiento que trata de inducir una conducta estática, conservadora, eterna, al margen de los cambios sociales, mentales o de cualquier tipo: un modelo muy contrario a la tendencia del hombre a adquirir nueva información, integrarla y modificar sus conductas en función de ese proceso cognitivo que nos aporta algo nuevo constantemente. El modelo estático de conducta es una invitación a rechazar todo esto: la información nueva, el trabajo mental y el cambio de conducta. O que sólo acepta estas cosas en casos específicos en los que los cambios, informaciones o procesos cognitivos pueden llevar a una persona a adquirir una ideología o pensamiento que conviene a nuestros intereses (encierros de reflexión y lavados de cerebro de diverso tipo).

Pero lo que aquí propongo, en línea con la naturaleza autocorrectiva o retroactiva del hombre, es aceptar ese proceso naturalmente, como normal en una persona normal: no cejar nunca en nuestra información, en nuestra reflexión y en nuestro cambio. En ese sentido, las metáforas citadas expresan la condición viva, dinámica e inteligente del hombre.

A la salida de una encrucijada se vive el cambio con esa angustia de la autoextrañeza, y eso también es normal. Todo cambio induce esos extrañamientos, porque todo cambio contiene algo funerario: el final de un yo. Pero también contiene un nacimiento: el principio de otro yo. Y, además, entre esos «yoes» hay una cierta continuidad histórica que es nuestra vida.

> *Fragmento 53*: «No echaba de menos aquel pasado, pero tampoco acababa de encontrarme en aquella ropa nueva. Podía verme a mí misma como una extraña y sentir un enorme cariño por aquello que había muerto de mí, por estúpido que fuera. Pero me ayudaba a apartarme de aquellas ideas el hecho de que en mi mente se habían asociado con una angustia que yo trataba de evitar, y entonces empezaba a quererme tal como era hoy, y me daba ánimos y me aceptaba a mí misma. Tardé un poco, pero lo fui haciendo, supongo que al modo en que las culebras cambian de piel. Como algo necesario y natural.»

REALIDAD Y COMUNICACIÓN: CONSTRUYENDO EL MUNDO

Este libro analiza el hecho de que lo que llamamos realidad es resultado de la comunicación, decía Watzlawick en el párrafo inicial de su libro que ya he citado y con cuyo título encabecé yo un capítulo de este otro libro a cuyo final se van ustedes acercando. Ésta es una idea que me parece muy de nuestro tiempo, porque nuestro tiempo es el tiempo de la comunicación y del estudio de sus consecuencias. La realidad es el resultado de la comunicación, efectivamente, y lo es porque en cada palabra que emitimos (y vamos a ceñirnos a la comunicación verbal) hay una propuesta para otra persona, personas o incluso para nosotros mismos, y cada palabra espera su respuesta, y en ese comercio la conversación es el mercado en el fijamos los precios de las cosas (los significados) y en el que definimos tanto a la realidad en su conjunto como a la situación más inmediata.Y del resultado de ese mercadeo depende, por tanto, la misma realidad: la común (consenso sobre cosas o significados) y la particular (zonas autónomas o exclusivas de significación que definen una realidad propia dentro de la común o al margen de ella). Gracias a que hay consensos, podemos hablar y coincidir en que esto es una mesa, un lápiz, un avión, e incluso podemos coincidir en cosas más complejas. Pero no siempre. En esa zona exclusiva en la que, sin saberlo muy bien, vamos elaborando significados propios, se van guardando las claves de nuestra definición de la realidad, y esas claves nos pertenecen como algo íntimo y cerrado. Ni nosotros mismos las conocemos, salvo que nos autoanalicemos. Éste es un libro que quiere animarlos a ustedes a que no pierdan de vista sus claves, porque ese autoconocimiento es el mejor instrumento de anticipación al servicio de nuestra inteligencia práctica.

En situaciones de salida de encrucijada, todo esto se puede resumir en algunas recomendaciones mínimas:

— Lo que digamos del mundo define nuestros actos: una visión negativa de la realidad construye una realidad negativa que, al ser tomada en serio por nosotros mismos, determina nuestras conductas (recuerden: lo que definimos como real es real en sus consecuencias).

— Hay interpretaciones o significados del mundo que son propios y que dan a nuestra personalidad esa riqueza de lo autónomo o diverso: no es necesario coincidir en todo con los demás. Por eso a veces no es fácil entendernos, y por eso nos entendemos mejor con unos que con otros (porque hay una proximidad semántica o de sentido o interpretación: definiciones de la realidad o de la situación más próximas): decimos, en el argot común, que tenemos muy buena «química» o muy buenas «vibraciones» con esta o aquella persona: tenemos todo eso de lo que hemos venido hablando.

> Nuestras palabras no son inocentes: expresan nuestro mundo, pero también lo construyen. Hablar es definir la realidad, y nuestros actos se ajustan a nuestras palabras. En este sentido, nuestras palabras nos construyen: si decimos que somos unos desgraciados, nos comportaremos como desgraciados.

> *Fragmento 54*: «Sentí algo tan extraño como que mis propias palabras me daban ánimo, y cada vez que expresaba esa fe en mí mismo y en todo lo demás, mi conducta se emancipaba de aquello que la llevaba por otros lados indeseables de la realidad. Mis palabras parecían armas al servicio de mi inteligencia activa. Nunca como entonces, en aquellos días de salida de la crisis, sentí a las palabras tan cercanas y necesarias.»

Permítanme una pequeña digresión para introducir aquí, como ya hice antes (*¿Es real la realidad*? o *El derecho a la pereza*), otro título de corte provocativo y sugerente: algunas conferencias del filósofo J. L. Austin fueron recopiladas con el título de *How to do things with words** («Cómo hacer cosas con palabras»), un título muy expresivo a los efectos de los que aquí estamos hablando. Esas interesantes conferencias abrieron nuevas vías a la filosofía contemporánea, y lo hicieron intentando indagar el uso real que hacemos de nuestras palabras, más allá de su estricta funcionalidad descriptiva. En esa línea de preocupación por nuestras palabras (¿Cómo construimos el mundo con las palabras?) aunque desde otra perspectiva, he querido recordarles la importancia de lo que digan y de lo que les digan: la palabra es un instrumento eficaz para comunicarnos con los demás, pero también con nosotros mismos: acabamos por comportarnos de la manera que hablamos, y nuestra conducta verbal nos determina mucho más de lo que podríamos pensar. En este sentido, una comunicación optimista y expresiva nos ayuda, pero si pretendemos hacernos querer por nuestros lamentos, acabaremos en un estado igualmente lamentable: ajustaremos la conducta general a la conducta verbal, de cuyo poderío no deberíamos dudar.

* Existe edición en castellano: *Palabras y acciones*, Paidós, Buenos Aires, 1971.

11. Pensando sobre la vida

EL MONSTRUO FILÓSOFO

De alguna forma específica en cada caso, la persona que emerge positivamente de una crisis o encrucijada se ha convertido o reconvertido en eso que llamamos un filósofo: una persona que piensa mucho, en la acepción común del uso contemporáneo de la palabra. Ha necesitado de ese ejercicio para salir adelante, y quizá entonces, durante la crisis, como nunca antes en su vida, había tenido que ejercer el estatuto humano: pensar, reflexionar. Probablemente ese vicio/virtud ya no lo abandonará, porque lo considerará necesario para una vida más consciente y más alerta, y porque le habrá cogido el gusto a esa conciencia reflexiva de las cosas. Incluso, en muchos casos, la crisis es el punto de partida de una nueva actitud cultural: el mundo del pensamiento es revalorado, y se descubre su más eficaz función: hacernos más dueños de nosotros mismos. Pero no le será fácil al recién salido de sus problemas conservar ese gusto por esa nueva amistad de la cultura (entendida como reflexión y como adquisición de conocimientos) porque no le van a dar facilidades en su entorno. Se ha convertido en un «monstruo filósofo», y eso no acaba de ser bueno en una sociedad crecientemente práctica (pensar = cumplir una tarea).

No está muy acreditada en nuestra cultura occidental (a pesar de que es una cultura fundada sobre el pensamiento ejercitado racionalmente y, por tanto, en los libros y en la reflexión científico-cultural) la reflexión desinteresada sobre las cosas, el ejercicio no necesariamente pragmático (o eficaz o aplicable) de la inteligencia. Se valora ambiguamente al hombre culto: por un lado se le reconoce su cultura, pero por el otro se le niega una cierta sensatez porque ¿para qué sirve la cultura? Todo el mundo, en mayor o menor medida, acusa este tono anticultural. Creo que lo que la gente entiende por cultura, inteligentemente, no es sólo la sabiduría abstracta, o no es exactamente eso: es la unión del saber con la reflexión. Lo que está en el punto de mira de ese sentimiento anticultural (ambiguo, sin duda) es la idea de que el ser humano necesita volverse sobre sí mismo y pensar de forma fundada (culta) sobre las cosas. La cultura como pura acumulación de conocimiento (el funcionario cultural) no inquieta en absoluto: es práctica. Pero la cultura como reflexión, como autoconciencia, es inquietante. En este sentido, el que sale de la encrucijada con la costumbre de pensar (y hasta de leer), representa algún tipo de amenaza para el grupo, e inquieta.

Y ésta es otra cosa para la que hay que prepararse:

> Es necesario conservar, incluso a contracorriente, el hábito de la reflexión adquirido en las diversas etapas de la crisis, porque es como una ducha del alma que tonifica y limpia la mente de su tendencia a hacerse rutinaria e integrarse en el mundo (en el mal sentido de integrarse: estrellarse sin defensas reflexivas contra las dificultades de la realidad común).

Fragmento 55: «No podría explicar hasta qué punto me ayudó la costumbre de la reflexión para no caer otra vez en el mismo pozo o no tropezar en la misma piedra. Creo que a los ojos de mi gente fui convirtiéndome en una especie de monstruo filósofo, pero yo sentía la necesidad de encuadrar las cosas con algunas consideraciones que me ayudaban a ordenar un poco la avalancha de novedades. Aquella nueva costumbre de no tomarme las cosas tan levemente como antes me ayudó a mantener la cabeza en mi sitio y a prevenir sorpresas. Ya no me sentía tan indefenso ante la realidad, y sentía la cabeza como una ayuda, más que como una molestia lamentable, como creo que la siente mucha gente. O dicho en pocas palabras: fui consciente, y lo usé, de la existencia de eso que llamamos inteligencia. Y supe que, para conservarla, había que mantenerla entrenada. Lo de "monstruo filósofo" es un poco exagerado, pero sí es cierto que habían cambiado las expectativas de ellos sobre mí, y eso me causó algunos problemas.»

El monstruo filósofo no es más que una persona normal que ha decidido no dejarse coger otra vez por el mismo toro, y ahora piensa, anticipa y se adueña del mando de su cabeza, que ya no es un puro instrumento reactivo al servicio de una realidad que la domina: ahora la cabeza tiene también un cierto mando activo o intencional sobre la realidad.

EL HOMBRE MINÚSCULO

Pero el monstruo filósofo no tenía otra alternativa que convertirse en una persona que usa su mente con la conciencia de hacerlo para no volver a ser lo que podríamos llamar «el hombre minúsculo», esa especie de miniatura de lo humano en la que a veces nos convierte el mundo cuando no podemos o no sabemos o no queremos afrontarlo inteligentemente.

Todos llevamos dentro a esa miniatura, y en situaciones de encrucijada la miniatura puja por tomar el mando y convertirnos en una tabla que se deja llevar por la olas de la realidad sin control alguno. El hombre minúsculo es la amenaza más real a la salida de una crisis o encrucijada, tanto más cuanto que es una condición más llevadera que la de monstruo filósofo, más acreditada (en cierto modo ya definido) y, en ciertas circunstancias, más eficaz. Pero el hombre minúsculo, en su aparente fortaleza, es una víctima propicia ante cualquier evento que desestructure nuestro sistema de creencias y desordene nuestros guiones (ante cualquier situación generadora de patologías reactivas), y su fortaleza se aparece ahora, en esas circunstancias adversas, como una pobrísima vivienda al albur de cualquier viento.

Hay siempre la tentación de regresar a lo minúsculo, y en cierto modo las circunstancias favorecen ese regreso. La lucha por la conciencia de uno mismo es central en la prevención de nuevas crisis y en la solución eficaz de nuevas encrucijadas.

> La conciencia de uno mismo ha sido el objetivo de una crisis bien superada, pero la posibilidad de perderla es grande. La única y verdadera defensa es integrar como rutina vital el uso de la razón, y renunciar al inmediatismo reactivo.

Si llamaba a este capítulo «*Pensando sobre la vida*» es porque de alguna manera hay que favorecer la posición mental activa del monstruo filósofo, y la mejor manera de hacerlo es jugar a pensar sobre la vida, entendido eso como el ejercicio de ayudarse a uno mismo a tomar posiciones (nunca definitivamente firmes) sobre eso que llamamos «la vida», que es un conglomerado de todo lo que nos parece trascendente, más allá de su pura acepción biológica.

> *Fragmento 56*: «No sólo me había convertido en una especie de filósofo íntimo (pensaba, sobre todo, hacia mí mismo), sino que ese pensamiento iba algo más allá de la pura circunstancia en el sentido de que buscaba eso que llamamos la vida, el sentido de la vida, algo así como una filosofía para uso propio que me permitiera encuadrar mis actos desde un nivel algo mayor de reflexión. Y me gustaba pensar en la vida como en un parque abierto e infinito lleno de posibilidades inexploradas en el que yo aún podía encontrar cosas estimulantes. Una idea creo que positiva para un momento positivo de mi existencia, que como todas las existencias pugnaba por mejorar su estancia en eso, en la vida, más allá de las consideraciones postvitales o religiosas, que no rechazo, pero que a veces me han entretenido más de lo conveniente en un problema trascendente que yo no puedo resolver, ni en la teoría ni en la práctica.»

Bien, esta reflexión fragmentaria es bastante indicativa de una posición activa. Pero lo que sea la vida es algo tan propio, tan íntimo y personal, que no cabe establecer un recetario. Sí se puede, quizá, para ayudar el proceso autorreflexivo, establecer algunos criterios generales sobre lo que se podría llamar «la tarea del hombre», algo así como revisar algunas tareas que se nos han asignado y que probablemente no sean satisfactorias.

Quizá no hemos venido al mundo a redimir penas de otras existencias anteriores ni a ninguna otra cosa tan ajena como purgar los pecados de otros. Y es necesario hacernos saber a nosotros mismos que una parte fundamental de lo que somos es responsabilidad propia, y es inútil atribuirle a otro ser, por inmenso que lo definamos, o a otras personas, por grande que sea su poder, ni a conceptos deterministas de ningún tipo, lo que en esencia nos corresponde: esculpir nuestra existencia desde nuestras posibilidades reales actuales a la busca de nuevas posibilidades. Y en esa lucha por hacernos a nosotros mismos llevamos a un dios dentro, a un hacedor humano, a un monstruo filósofo que quiere saber lo que hace.

Salir de la encrucijada, pensar en la vida, recuperar la autoestima como ser humano, y ponerse a esculpir la existencia desde esa idea de la tradición mística que dice que «Dios está en nosotros»: lo que quiere decir también, a nuestros efectos, que nos corresponden las tareas constructivas de un dios autónomo cuyo poder es la voluntad (la posición activa) y el pensamiento (la autoconciencia, la reflexión). La tarea del hombre (sin ir muy allá en ese debate) parece ser, en primera instancia, empezar a quererse a sí mismo a la manera en que se debe querer quien bien se quiere: dándose el poder de ser él, de construirse, sin otro límite que el de la racionalidad entendida a la manera en que la hemos tratado anteriormente.

Todo esto, que parece sencillo (y lo es), no está muy favorecido por nuestro medio, porque la historia del hombre fue hasta ahora en sentido contrario: no somos una escultura propia, somos la voluntad de un otro muy diverso que nos propone y nos impone la idea de nuestra irrelevancia.

> Frente a la idea de la libertad humana y la disponibilidad de su existencia, la idea de la irrelevancia de ser hombre, propiciada desde diversos determinismos de todo tipo, va en el sentido de evitar esa libertad y esa disponibilidad. Recuperar la dignidad de lo humano para uno mismo y para los demás es un buen programa para alguien que viene de una crisis o una encrucijada.

En todo caso, la tarea del que ha sufrido (y subrayo *ha sufrido*) los avatares de una circunstancia aparentemente incontrolable es impedir su repetición, aunque su repetición sea bajo otra bandera circunstancial, otro tipo de crisis o encrucijada. Y esa virtud del que conoce (*conócete a ti mismo*, pedía el filósofo griego Sócrates) le ampara mucho más de lo que pudiéramos pensar, porque no sólo nos permite anticipar situaciones, sino afrontarlas con un bagaje racional que limita o anula sus peores efectos

No temer, pues, al ejercicio de la libertad. Sobre todo, y a los efectos de este texto, en el área del pensamiento. Y no temer más que a lo que hay que temer: a la indefensión del que se deja ir al albur del destino, esa palabra mitológica que tanto daño nos hace, dejándonos inermes ante el mundo. No hay más destino que el que uno negocia consigo mismo y con la realidad: un trabajo fantástico de escultor de alto nivel. O eso, o aceptar la derrota del hombre en los términos que ahora vamos a ver.

La historia humana, vista ya a tantos siglos de distancia desde su inicio, es un lucha durísima por la conquista del reino de la libertad y de la justicia, con resultados muy irregulares. Quizá en esas dos palabras, libertad y justicia, se incluya a todo lo que de bueno puede aspirar el hombre. En una situación de encrucijada, nuestra historia individual se encuadra a menudo en esa historia del hombre de la que con frecuencia nos lamentamos en los momentos de crisis. Todos quisiéramos algo mejor, y en las situaciones difíciles nos parece que toda esa historia se nos viene encima y que nosotros somos la mejor expresión del fracaso colectivo del género humano. Las crisis ponen en evidencia, ante la conciencia del individuo en su soledad crítica, el peso de la historia humana sobre nuestro presente. No somos historiadores, pero nos hacemos historiadores pesimistas en el cenit de la crisis o encrucijada, cuando nuestra propia situación se proyecta (o la usamos, tal como se da, para analizar el mundo) sobre la historia colectiva. Y solemos evaluar esa historia como una derrota humana ante fuerzas poderosas e incontrolables que están ahí, quizá en nosotros mismos, para hacer fracasar cualquier intento humano para mejorar la vida social y acercarse a ese reino de la justicia y la libertad, que tanto se nos niega.

Este síndrome de derrota, que va de lo individual a lo colectivo, está fundado en algunos hechos reales y en otros muchos irreales. Por la parte de lo real, habría que confirmar, evidentemente, que amplias zonas de la geografía humana, mayoritarias, permanecen al margen de toda justicia y de toda libertad, y el resto de las zonas viven en sociedades evolucionadas con sistemas avanzados de gobierno que, aun garantizando las libertades humanas ampliamente, no garantizan la justicia distributiva ni, frecuentemente, una mejora sustancial de la calidad de la vida ni del nivel cultural (garante de la libertad profunda). Nuestras desesperaciones de encrucijada, crisis y conflictos son, en general, batallas urbanas, modernas y en marcos democráticos. Pero la incomodidad vital subsiste, de otra manera, en estas sociedades avanzadas.

Por parte de lo irreal, de aquello que no valoramos suficientemente en los malos momentos, están todos los fantásticos avances en la ciencia, la técnica y los derechos de ciertos colectivos raciales o de género, como la mujer, así como el incremento de la información y la elevación del nivel colectivo del conocimiento. La libertad y la justicia aún no son plenas, en ese sentido profundo y eficaz, respectivamente, que exigimos a ambas palabras. Pero no tenemos nada que ver, como europeos, con aquel campesino medieval vencido por todas y cada una de las circunstancias de su mundo.

> *Fragmento 57*: «Me sentía entonces, en el corazón de la crisis, como la representante genuina de un fracaso colectivo o la imagen de una civilización tan perdida como yo misma. Nunca sentí tan patente eso que podría llamar mi "historicidad". Es curiosa esta universalización de los horrores que la situación me inducía, y el indulto posterior que le apliqué al mundo, una vez remontados los peores momentos. Lo cierto es que comencé a matizar mucho más mis sentimientos y opiniones sobre la sociedad presente y sobre el conjunto de la historia, y comencé a verme situado en esa larga, casi infinita cadena de gentes que se debatieron por encontrar un sitio mejor para su cuerpo y para su alma.»

Si eso que llamamos el dolor, conjunto de males de diversa índole y entidad, nos acosa a lo largo de la vida, y su presencia nos recuerda esa parte de nuestra condición que nos hace tan indefensos, tan proclives al miedo de la vida, también el placer, bajo diversas formas, abre su infinito abanico a quien sepa disfrutarlo desde esa perspectiva que el placer nos exige: una dedicación a la vida, una renuncia a las mitologías de la felicidad, un amor a los días como unidad contable del alma y una apertura plena de los sentidos a todos los matices de la existencia, sin restricciones artificiosas. Sin renunciar a otra cosa que a vivir en medio del miedo, ese miedo que nos hemos inventado para restringirnos más allá de esa frontera que marca el disfrute de los días en su condición de testigos de la dicha alcanzable, la que existe en todo el despliegue de la vida como unidad de la naturaleza y la cultura. Bienes alcanzables en esos ambos márgenes de la vida, en la naturaleza y en la cultura, la primera como expresión de la sensualidad gratuita de lo que existe sin otro fin que tenernos como habitantes más bien tercos en su negación, y la segunda como expresión de lo mejor y lo peor de nosotros mismos, sumario abierto en el que se van recogiendo monstruosos crímenes y maravillosos sueños, esperanzas y caídas del habitante torpe pero indomable que somos.

Y así, saliendo de la crisis, la derrota humana es también un acicate más para insertarnos como individuos en esa cadena de gentes que han apostado por una vida mejor, más consciente, más activa, más placentera. En el fondo de todas nuestras patologías, de todos nuestros problemas, está esa dificultad para aceptar el instante de la vida y las posibilidades que ofrece de disfrutar el discreto placer de lo mínimo, vencido éste por un miedo profundo, y aplazado eternamente en nombre de quién sabe qué absurdos delirios maximalistas.

> La idea de que el disfrute de la vida está siempre más allá de los días, en una felicidad tan intemporal como inalcanzable, anula nuestros movimientos positivos para vivir el instante, el placer de los días, la condición diaria del hombre.

La condición diaria del hombre es algo más que una expresión poética: quiere definir el único tiempo actual de nuestra vida, que es el presente, el único tiempo real y el único espacio real, entendiendo por real aquello por lo que podemos transcurrir y pisar. Pero el presente no tiene el prestigio del pasado o del futuro: las grandes cosas están en estos lugares.

12. Para definir la realidad

LA DEFINICIÓN BUSCADA Y ENCONTRADA

Hemos (usted y yo, quiero decir, no hablo en plural mayestático) ido recorriendo el camino de la salida positiva de una crisis, e incluso hemos filosofado un poco sobre la vida y sobre el hombre: apenas cuatro trazos de algunas cuestiones básicas que quizá podrían estar fuera de polémica al tratarse de los cimientos de todo deseo necesario, como son la libertad del hombre y la justicia. Algunas otras cosas tendrían que matizarse, pero eso le corresponde a cada uno en su magín activo, que para eso está, sobre todo a la salida de una encrucijada. Hemos, pues, paseado por las orillas del horror diario, y hemos manejado, a modo de ejemplo, algunos instrumentos para combatirlo.

Pero debemos volver atrás y retomar una cuestión central de la que hemos hablado mucho: la definición de la realidad (recuerde: lo que definimos como real es real en sus consecuencias). Y debemos retomar este tema porque se supone que este largo viaje ha de concluir con algún intento sólido de sustituir viejas definiciones de la realidad y de la situación (la realidad concreta, aquí y ahora) por otra u otras nuevas, más acordes con la salida de la encrucijada, crisis o conflicto. En parte, esas definiciones ya están en marcha, pues no sería posible salir de las crisis sin tocar algunas cosas de ésas. Pero hay que pulirlas y asentarlas: hay que evitar regresiones.

Definir la realidad es contestar a preguntas básicas y bastante trascendentes (la vida, el amor, el trabajo, los otros, el mundo...), así como definir la situación es contestar (desde la definición general de la realidad) a preguntas sobre el momento, el instante o, como su nombre indica, la situación. En este sentido, la definición de la situación es subsidiaria de la de la realidad: una mala definición de la realidad no es precisamente una buena guía para las situaciones.

> Comprender la situación es la constatación de que nuestra nueva definición de la realidad está funcionando: y comprendemos la situación cuando nuestros actos producen consecuencias positivas y así lo evaluamos, o cuando nuestros actos son aceptados por nosotros mismos y por los demás (relativamente, al menos) como actos racionales e inteligibles que no nos conducen a regresiones.

Fragmento 58: «Empezar a sentir que mis palabras y mis movimientos me llevaban a otra manera de encajarme en el mundo fue el síntoma más claro de que las cosas habían cambiado. Había perdido aquel desinterés, aquella incertidumbre, aquel modo de vivir que me estaba destruyendo y que llevaba a los demás a verme de esa manera odiosa que yo no soportaba. Y ese cambio, que en algún momento los desconcertó y, de varias formas, me lo reprocharon, enseguida comenzó a ser aceptado y a crear un nuevo sistema de relación entre nosotros.»

Evidentemente, este último narrador había cambiado su definición de la realidad y esto inducía cambios en sus definiciones de la situación, lo que a su vez repercutía en la mirada de los demás y llevaba a cambios globales en el sistema relacional. Éste es el modo básico, a grandes rasgos, de cómo funciona un cambio de esta clase. Pero redefinir la realidad también se puede y se debe hacer de una manera mucho más activa y consciente, una vez salidos de la crisis, en esa labor de pulido de la que antes hablaba.

La definición de la realidad con la que salimos de la crisis suele ser aún demasiado precaria, demasiado ceñida a la situación de crisis, demasiado dependiente de ella. Y ahora, a la salida, podemos repasarla con los cinco sentidos, y matizarla.

Rehacer o pulir una nueva definición de la realidad implica un trabajo activo y consciente de autoconocimiento o autoidentificación: hacer explícita ante uno mismo esa nueva definición, y proceder a pulirla. ¿Cuál es, ahora, mi definición?: y entonces hay que ponerse a hacer el listado de las grandes cosas que forman la realidad y constatar los cambios que hemos introducido para salir de la crisis. Sería un modelo gráfico mental o real típico del estilo «Tema: antes/ahora/matices». Tenemos en la mente muchos cuadros de esta clase que no hacemos explícitos a la conciencia. Éste sería un cuadro mental o real con estas sencillas entradas:

TEMA	*LOS OTROS*
ANTES	Enemigos
AHORA	Como yo, pero con otra historia
MATICES	?

La definición de la realidad que medio tenemos y medio buscamos (y este medio tener y medio buscar es una buena situación de apertura en la que hay que estar muchas veces) sólo se hace realmente nuestra cuando se va convirtiendo en motor de la conducta, y esto, cuando estamos trabajando en una definición consciente de la realidad, no es un proceso ni sencillo ni rápido. Todos esos matices que ahora introducimos tardarán en convertirse en acción hasta que nosotros los aceptemos plenamente, y esto no tiene por qué ocurrir de repente, sino que, lo más normal, es que lleve su tiempo. Y en estos «periodos de ajuste» nuestras creencias y nuestros actos no están en coherencia (y no siempre tienen que estarlo, por cierto), y esta incoherencia entre una parte muy explícita de la definición de la realidad y nuestros actos puede producirnos alguna reacción anormal que hay que prevenir.

> Nuestra definición de la realidad más explícita, o nuestros pensamientos, no han de ser necesariamente coherentes con nuestros actos: una coherencia total de esa clase es propia de conductas psicopáticas muy indeseables. Y en este sentido, la incoherencia puede ser una necesidad social, por cuanto algunas partes de nuestra definición de la realidad no son aplicables.

Fragmento 59: «Al principio me angustiaba el hecho de que algunas decisiones que había tomado para salir de la crisis no eran muy operativas. Mi nueva forma de ver el mundo era más teórica que práctica, y tuvo que pasar bastante tiempo hasta que mis decisiones tuviesen traducción real. Pero la tuvieron, y mi vida se fue ajustando a las soluciones que yo me había dado. En algo debí de acertar porque aquellos problemas fueron perdiendo vigencia. Aparecieron otros, y los afronté de igual manera. A veces se me hizo y se me hace difícil, pero ya no me siento tan indefenso como antes estaba.»

EL SIGLO QUE VIENE

Si el día es la unidad contable del alma, el siglo lo es de la cultura y de la vida entera. Tanto los críticos culturales como nosotros, vinculamos a los siglos los estilos de vida y culturales, aunque éstos sean diversos, pero a esa diversidad también parece darle sentido esa unidad contable secular. Aunque nuestra vida no dure ni ocupe un siglo, y aunque esté a caballo de uno y otro siglo, parece que con el siglo, con el fin del siglo en curso, dejamos atrás cosas sustanciales. Probablemente no sean sólo convenciones analíticas eso de las divisiones en siglos, sino que también marquen, de alguna forma no muy conocida, nuestra conducta, por cuanto nuestro reloj vital (ese contador de la vida que llevamos en la mente, como el contador del agua o el gas en nuestra casa) podría ajustarse a estos cambios seculares y traducirlos como cambios vitales de alguna especie. Bien, entiendan que esto último no es más que una fantasía, pero yo no descarto que los mecanismos de socialización cultural del hombre (con su creencia en la determinación sobre la conducta humana de los cambios de siglos y milenios) hayan, poco a poco, penetrado en capas biológicas, vitales y/o mentales, de tal manera que esas grandes unidades contables, como los siglos, tengan alguna traducción en nuestra conducta, sobre todo en el cambio de uno a otro (recuerden: lo que definimos como real es real en sus consecuencias, y lo cierto es que mucha gente cree en esa influencia de siglos y milenios).

En todo caso, somos ciudadanos que vamos a encarar un cambio de siglo y de milenio en el marco de algunos rasgos finiseculares que nos inquietan (y me refiero, exclusivamente, a aquellos que pueden influir directamente sobre nuestro modo de vida): de particular relevancia para todos aquellos que estén aún en el interior de una encrucijada o saliendo de ella es el que se refiere a la velocidad del cambio de las cosas, una velocidad que ha ido creciendo desde el comienzo de la modernidad y de la revolución científico-técnica. Pero no es sólo el cambio tecnológico y el cambio social general inducido tanto por las nuevas tecnologías como por las transformaciones en el sistema económico e informacional, sino, y sobre todo, los rápidos cambios de mentalidad que se están produciendo en las generaciones emergentes y que empujan a las demás generaciones aún en activo hacia cambios similares.

Y todo esto afecta a los recién salidos de una encrucijada: «afecta», al menos, como palabra que ha de alertarnos sobre una de las cuestiones que más problemas crea al hombre urbano contemporáneo, que es el más sometido a esa velocidad y a esos cambios.

Todo lo dicho hasta ahora no está pensado para una sociedad muy estable, y en esa línea están mis consideraciones más relativistas sobre definiciones, esquemas, guiones y transformaciones básicas en general: he tratado de reiterar o de hacer ver o traslucir en mis palabras una cierta precariedad de los tiempos en cuanto a la posibilidad de asentar conductas muy estables para situaciones que no lo son, y esto significa que la capacidad personal de revisión de todo el sistema de la conducta ha de ser grande, y esto requiere una actitud muy abierta y muy poco sectaria al respecto de todo eso.

> En una sociedad sometida a cambios rapidísimos de toda clase, con su repercusión en los estilos de vida y en las mentalidades, la capacidad reactiva de las personas para modificar su sistema general de la conducta, tanto en profundidad como en superficie, es una garantía contra nuevos y graves problemas, contra nuevos y graves conflictos, contra nuevas y graves encrucijadas. Los cambios culturales pueden inducir importantes desajustes personales en aquellos que tengan una conducta de cierre, entendida ésta como aquella dificultad profunda o intencional para aceptar cambios.

Y esa disposición ha de dejarse informar por el conjunto de la realidad económica, científica, social y cultural, y la llegada de esa información pone en marcha los mecanismos retroactivos o de realimentación que transforman la información en conducta: cambiamos de una forma sencilla, sin grandes traumas, cuando la disposición a «escuchar al mundo» nos permite cribar esa información que nos llega y, tras todas las acciones mentales o cognitivas necesarias, nuestra conducta recibe esa orden de cambio. Y todo ello de una forma natural, haciendo trabajar a nuestra mente tal como hay que hacerla trabajar para mantenerla viva y pendiente del mundo.

Pero eso es precisamente lo que hemos venido haciendo hasta ahora a poco que hayamos seguido la pista de este discurso que ya toca a su fin. Por tanto, la salida natural a la crisis, aquello que llamamos el monstruo filósofo, es una necesidad estricta de conservación del equilibrio de nuestro sistema general de la conducta.

EL COMPLEJO DE ESTATUA

Vamos a etiquetar como «complejo de estatua» esa conducta hierática que le dan a su mente muchos individuos: gentes enterizas que nunca cambian, pero a cambio de eso elaboran toda una serie de pseudosoluciones a los problemas que el propio hieratismo mental les crea que, a su vez, efectivamente, los transforma en estatuas en absoluto vivientes. Pseudosoluciones para evitar las crisis a base de chapuzas del alma, como negar la realidad (su entorno se lo hará saber), huir de ella (para eso deben cegar toda información importante), o encerrarse tercamente en un sistema de creencias impresentable por inservible y dañino (para ellos y, sobre todo, para los demás), pero entonces la crisis se adueña de su vida bajo la forma de la más absoluta irrelevancia vital y mental: regresa al texto el hombre minúsculo, esa estatua evitable contra la que hay que enfrentarse en el interior de uno mismo.

Pero tiene sus virtudes convertirse en estatua y aplicar pseudosoluciones para eludir las crisis, los conflictos o las encrucijadas: se reduce la angustia (que es un síntoma de vida, una señal o aviso de que algo no va bien) pero se incrementa la falta de vitalidad, la muerte en vida, la autodestrucción sistemática.

> El precio real de las pseudosoluciones es la conversión en estatua: negación de la vida, cierre a toda información, a toda reflexión, a toda cognición sobre nuevos datos del mundo. O bien la constante recaída en crisis cada vez más insidiosas.

La definición o redefinición de la realidad es una necesidad vital, además de ser una necesidad preventiva. La opción de convertirse en estatua no parece muy buena para todos aquellos que aspiran a una cierta calidad mental de vida o, sencillamente, a la vida como balneario de la mente, el lugar exterior en el que nuestra capacidad de autodirigirnos es algo más que un recorrido por los meandros mentales en los que se enredan los que no quieren volver a saber nada de la vida: las estatuas.

En general, alguien que sale con bien de una encrucijada sabe el valor de la vida, porque la ha visto desvanecerse y ser sustituida por esos fantasmas de la mente que nos ocupan cuando nuestro sistema cognitivo fracasa, en esos momentos tan difíciles que hemos ido recorriendo a lo largo del libro.

> *Fragmento 60*: «Salí de mí misma como el que va al mar a refrescarse un calurosísimo día de agosto desde el asfalto insoportable de la ciudad. Todos aquellos meses de pesadilla se habían convertido de pronto en pasado y los veía como quien ve algo en las vitrinas de un museo. Los árboles, las casas y las

personas empezaron a perder aquella niebla de irrealidad que los rodeaba durante mi desastre, y la calle se hizo clara, y la realidad contaba conmigo y me integraba como una forma más, como una vida más. Mis ojos miraban de verdad, sin aquella sensación tan absurda de ser sólo una cabeza navegando en el aire, entre gentes incógnitas que tenían pies y manos y que parecían creer que existían. Pues existían. Esa constatación era también la constatación de mi propia existencia.»

LA ESTABILIDAD DE LAS DEFINICIONES PARCIALES

El cambio en la definición global de la realidad es una construcción, paso a paso, desde la redefinición de zonas específicas de la realidad. De esta forma, la tendencia a la estabilidad de algunas definiciones parciales del tipo «amor», «éxito/fracaso», «bueno/malo», y tantas otras, dificulta un cambio importante o significativo en la definición de la realidad. En este sentido, aquellas definiciones parciales que se hayan visto positivamente afectadas por la crisis, el conflicto o la encrucijada necesitan ser reflexionadas y asentadas o estabilizadas, pero aquellas zonas de la realidad en las que permanezca una definición primitiva que nosotros evaluamos como negativa son aquellas en que es precisa una intervención sistemática de nuestra voluntad para modificar los esquemas cognitivos que determinan definiciones de la realidad y guiones de conducta y que están presentes en esas definiciones indeseables de la realidad. Pongamos el ejemplo del amor, definición que causa numerosos estragos en muchos tipos de encrucijada. Partamos de esa definición, y vamos a suponer que es de varios tipos según alguna variedad de personas:

«Amor (1): se llama así a un sentimiento de afecto profundo por una persona y se demuestra comprometiéndose con esa persona en algunas conductas específicas como: casarse o comprometerse seriamente, hacer el amor, proporcionarle ayuda vital de todo tipo, centrar la vida de uno alrededor de esa persona y ese sentimiento, y mantener estas y otras conductas a lo largo de toda la vida.»

«Amor (2): se llama así al deseo de copular y para cumplirlo vale casi todo: la seducción, el engaño, o bien el cumplimiento de las reglas sociales más habituales: casarse, y otras de ese tipo. Tanto el hombre como la mujer usan de todas esas cosas. El amor se acaba cuando se termina ese deseo con una persona, y entonces se pasa a otra. Y así sucesivamente.»

«Amor (3): se llama así al hecho de sentar la cabeza, casarse con alguien al que se le tiene especial afecto, y procrear. No hay otra forma de perpetuar la especie. Además, sirve para ordenar o civilizar la vida: cada oveja con su pareja, si no el mundo sería un caos.»

Evidentemente, cada una de estas personas elegirá estrategias amorosas distintas: su acción (sus guiones) estará determinada por este punto de partida o definición básica. Si dos de estas personas se encuentran en la vida (lo que ocurre con mucha frecuencia) tendrán que negociar (explícita o implícitamente) para llegar a acuerdos que les permitan encajar de alguna forma sus definiciones parciales de la realidad sobre ese tema.

Bien, éstas son tres de entre las innumerables definiciones que podríamos recoger, haciendo un trabajo cualitativo y/o cuantitativo sobre el tema entre una población, sobre esa zona de la realidad que llamamos amor, y esas definiciones orientan la conducta (construyen guiones de acción) y están basadas en formas o costumbres de conocimiento muy antiguas en la biografía personal (esquemas cognitivos) adquiridos desde el primer día de estancia en el mundo. Cambiar esas definiciones no es fácil, incluso aunque hayan hecho crisis en nuestra encrucijada: siempre tenderemos más a echarle la culpa al mundo o a los demás del fracaso de una situación, que a la insuficiencia de nuestras definiciones y esquemas subyacentes.

Por eso yo he insistido particularmente en que es preciso volver la vista sobre uno mismo antes de ponerse a maldecir sobre el mundo exterior: se trata de una cuestión práctica, sobre todo.

> La estabilidad (negativa) de las definiciones parciales de la realidad tiene que ver con el mecanismo de autoexculpación que ponemos en marcha cada vez que tropezamos con la realidad: la culpa casi siempre es de los otros. Sin embargo, este mecanismo se ve más agravado por el hecho de que nos culpamos de muchas cosas de las que no tenemos culpa alguna: sobre todo, cuando ofendemos supuestamente a alguna de nuestras creencias profundas que tienen respaldo social. Así, el doble mecanismo exculpación/inculpación no hace otra cosa que dejar «las cosas en su sitio» (en el mal sentido de la expresión).

Fragmento 61. «Tenía en la cabeza una cosa pero mi cuerpo y mis sentimientos obedecían a otro mando más profundo que yo me sentía incapaz de cambiar. Tenía la certeza de que necesitaba introducir cambios en mi vida y en mi mente, pero esos cambios sólo eran fantasías incoherentes con mis más profundas convicciones. Y lo cierto es que esas "profundas convicciones" ya no lo eran tal en mi conciencia más reflexiva. Este cortocircuito entre lo pensado y lo instalado en mí fue el problema más importante que tuve que solucionar para reequilibrar mi vida. Pero sólo fue cuestión de voluntad y de tiempo (que no es poco, por cierto).»

LA SOMBRA DEL DIABLO (DIVERTIMENTO)

Si hubiera que buscar un enemigo principal para alertar sobre él a las personas que salen de sus problemas, crisis, conflictos o encrucijadas, este enemigo sería la tendencia inercial a permanecer en las definiciones que provocaron los problemas, incluso aunque se hubieran cambiado de hecho algunas de esas definiciones: pueden regresar. Nuestro diablo particular, cuya sombra nos sigue para recordarnos su existencia, es ése: esa tendencia, ese regreso. He hablado varias veces de ello, y también, en diversos contextos, de las regresiones, pero quizá nunca sea suficiente la insistencia en la solidez de las razones de ese diablo, porque sus razones son así, sólidas, rotundas: la tentación del regreso toma diversas formas o, como dirían mis clásicos, el diablo viste diversas apariencias:

a) Puede ser un diablo travieso, un seductor del orden de los homúnculos del bosque, un enanete simpático. Y entonces nos diría al oído cosas así: «¿Por qué vas a cambiar tú, so tonto, si han sido los demás, y un poco de mala suerte, lo que te ha llevado a esa situación? No toques nada por dentro, que está acreditado por muchos siglos de sabiduría. ¿Pero quién te crees tú?»

b) Puede ser un diablo tenso, un ministro del mal con un lenguaje adusto: «Las condiciones objetivas del contexto en que vives exigen que respetes los principios básicos de una conducta acreditada. Tú no eres nadie para cuestionar lo que otros con más saber te han inculcado.»

c) O puede ser un diablo solidario: «Todos tus problemas no son nada en comparación con los problemas tremendos de tanta gente de los países subdesarrollados. Déjate de tonterías, no tengas en cuenta todo esto, y vente conmigo a olvidar tus crisis entre el hambre y el horror de los hombres».

Bien, son diablos de diversa entidad y estrategia, diablos personales a los que habría que sumar otros muchos: todos tienen como objetivo apartar a la gente de un intento serio de solución de sus problemas. Hay miles de razones para convencernos. Pero ni las ideas o definiciones que nos dañan son respetables, ni podemos descargar en los desamparados del mundo todas nuestras pseudosoluciones, por más que, eventualmente, definiciones históricas de la realidad sean muy interesantes o respetables y actitudes solidarias muy diversas puedan ser también muy sólidas, muy reales y muy necesarias, pero uno no debe usar de esa manera a los demás para eludir sus problemas: lo único que conseguiremos es ampliar el círculo de la desdicha. O, como dice el pueblo: la caridad bien entendida empieza por uno mismo, y empieza, además, por ajustar convenientemente nuestro sistema de creencias y cogniciones que inducen definiciones de la realidad y guiones de conducta. Eso es lo mejor que podemos hacer por los demás.

La actitud más razonable de quien quiere cambiar de vida para prevenir sus problemas y para tener una existencia más grata es la de intentar mejorarse a sí mismo: repasar sus definiciones, criticarlas, cambiarlas, conservarlas o matizarlas. No se debe optar por pseudosoluciones de ningún tipo: los demás nos necesitan con ese sentido activo de la realidad y de nosotros mismos.

Esta broma del diablo no es más que una diversión del autor, a estas alturas del libro, para introducir alguna distancia y algún humor en estos temas tan complejos y a veces tan dolorosos. Metáforas y analogías aparte, lo cierto es que hay mil excusas ante uno mismo para no continuar la tarea de construir un presente y un futuro mejor.

> *Fragmento 62*: «En cuanto recuperé algún equilibrio y cambié algunas cosas de mi vida y de mi mente, no sólo me sentí yo mucho mejor, sino que comencé a sentir algo que no conocía: me sentí útil. Por el mero hecho de sentirme bien y de hacer que los demás me sintieran así, fui requerido para ayudar en algunas goteras ajenas, y creo que mi experiencia fue muy válida a otros y evitó algún desastre. Y creo, por tanto, que cuidar la propia cabeza es el más alto oficio de solidaridad: pero es francamente duro hacerlo. Lo que yo puedo contar de mi experiencia es un difícil trabajo desde el dolor y la voluntad.»

SE ABRE EL MUNDO

Pero la dureza de la encrucijada y el esfuerzo por redefinir la realidad y transformar la definición en acción han de tener un premio no muy tarde: el mundo se abre para nosotros como nunca lo había hecho. El pequeño círculo de soledades, complejos y desdichas, que había imperado durante el conflicto, la crisis o la encrucijada, va rompiéndose y sus aberturas dejan ver un mundo mucho más deseable (incluso en sus limitaciones y problemas reales) que aquel otro que vamos dejando.

No podía ser de otra manera: no se puede resistir una actitud heroica por mucho tiempo. Y no será así: la realidad ayuda a quien la mima con esos cambios y matices, con esa fe fundada en la viabilidad de la razón.

«El mundo se abre» quiere decir que el esfuerzo de la razón no conduce necesariamente a una confrontación permanente e insoportable con el mundo, como si éste estuviese hecho a la medida de la vulgaridad y de la sinrazón. Pero a veces puede parecer que es así. Son fases del mundo que a veces no coinciden con nuestros esfuerzos definidores de unas realidades no siempre percibidas por la mayoría como las percibimos o queremos percibir (definir) nosotros. Pero aun a pesar de eso, el mundo se abre en el sentido, al menos, de dejarse mirar por nosotros desde nuestras nuevas definiciones, y de dejarse ver así, desde la normalidad (en el buen sentido) de alguien que quiere vivirlo de otra manera después de un proceso de racionalización de sus cogniciones o esquemas básicos. Las dificultades que nos pueda plantear la nueva situación son dificultades que encaramos con un bagaje distinto de defensas racionales, que nos ayudarán a salir adelante con un nuevo sentido de los días y de la función en el mundo de alguien como nosotros.

El mundo exterior es el primero en conocer nuestros cambios: es el más afectado por ellos. Hay que entender por mundo todo el conglomerado de cosas y personas que nos afectan y se ven afectadas por nuestros cambios, porque no sólo cambiamos nuestro sistema interactivo con las personas, también las cosas son percibidas de otra manera, y las cosas mismas cobran la vida nueva que les aporta una nueva mirada.

Fragmento 63: «Nunca hubiera imaginado hasta qué punto las cosas dependían de mí. Y no hablo de las personas. Éstas, por supuesto, cambiaron conmigo. Pero ¿cómo cambian las cosas? Parece que lo inanimado permanece en su ser sean cuales sean nuestros cambios. Pues no es así. Incluso las cosas cambiaron para mí: lugares, objetos, horas, todo cobró una vida nueva y yo pude dedicarles algo de mi existencia a las tareas que antes ignoraba, desde pasear sin objetivo alguno a cuidar una planta o a perder el tiempo intencionalmente.»

13. Las razones de un libro

¿SERVIRÁ PARA ALGO?

Si el modelo de nuestra crisis fuera similar a estos modelos que se han seguido a lo largo de este texto, probablemente este libro no sea un esfuerzo inútil. La inutilidad siempre le viene dada a la escritura por la distancia que establece entre la realidad de cada cual y las páginas de un texto. Y en este sentido quizá fuera bueno intentar una relectura más pragmática y menos amena o informativa.

Hay también algunos esfuerzos posibles por parte del lector para mejorar la eficacia de un texto como éste, y el primero de estos esfuerzos consistiría en que:

> Es preciso renunciar a una buena parte del contenido de una afirmación elusiva de esta clase: «Mis problemas son muy distintos a los de todos los demás, y en cualquier caso nadie está en condiciones de ayudarme.»

Con un punto de partida así cualquier intento de mejora es, efectivamente, inútil. Cuando se hablaba de posición activa nos referíamos también a todos los movimientos que hacemos para eludir la ayuda autónoma o ajena: ésa es una de las formas que tenemos de fijarnos a la encrucijada, crisis o conflicto.

> Fijarnos a la crisis quiere decir vivir en ella, recrearse en ella, y eludir cualquier intento de solución, porque la solución angustia.

Yo no quisiera que esa angustia bloquease la búsqueda de la posición activa. Esa angustia es nuestra peor enemiga. Los que nos rodean pueden sentirse a gusto (no intencionalmente) con nuestra crisis, están acostumbrándose a ella, nos han redefinido a partir de ella, y todo eso contribuye a la fatal estabilidad de esa crisis y a incrementar la angustia de su solución.

No se conformen con el *esto no va conmigo*, porque ese pensamiento, probablemente, sólo es una forma de negación de la realidad. No se crean a sí mismos en todas las circunstancias: a veces nos mentimos inteligentemente para hacernos un daño nada inteligente.

Éste no es un libro de entretenimiento: es un libro pensado para ayudar y escrito desde un esfuerzo práctico que quiere traducirse en acción. Quizá es el momento de intentar una relectura pragmática, buscando más una guía para la acción que un conjunto de propuestas teóricas.

¿Qué es una «relectura pragmática»? Entiendo por eso la perspectiva lectora del que quiere intencionalmente obtener algún tipo de información práctica sobre sus problemas y sus soluciones. Evidentemente, un libro es también un entretenimiento, o puede incluso ser sólo un entretenimiento, pero no es éste el caso para aquellas personas que realmente lo necesitan. Este libro servirá par algo si saben usarlo y releerlo en función de sus necesidades y dudas prácticas. Lamento mucho que a veces se parezca a un sermón, pero creo que esto es inevitable en situación de ayuda o consejo, que es en la que yo, como autor, me sitúo. Tengan en cuenta, a la hora de exculparlo, que este libro tampoco ha sido para mí un puro entretenimiento: ha sido un esfuerzo, a veces muy grande, por traducir a un lenguaje asequible las estrategias más actuales sobre el tema que nos ocupa. Traducirlas e incrementarlas desde mi propia experiencia científica. Hay muchas partes del texto en las que intento introducir algunas novedades analíticas bajo la forma de un lenguaje asequible aplicado a la intervención sociológica y psicológica. No quiero tampoco que piensen, a la hora de releerlo para obtener mejor partido de él, que éste es un libro de vulgarización de nada: es una experiencia avanzada para poner la ciencia al alcance de quien pueda usarla para mejorar su calidad de vida. Vuélvanlo a leer ahora desde esta perspectiva algo más adusta, pero quizá más cierta, y encuádrenlo o interprétenlo desde ella.

SERVIRÁ PARA ALGO

A estas alturas estoy seguro de que a alguien, en algún lugar, el libro le servirá para mejorar su vida. Uno debe creer en lo que hace, pero esto es más que un acto de fe: en otras ocasiones similares sobre el mismo tema ocurrió el milagro de que algunos pudieron usarlo en su favor, y éste es el mejor pago que uno puede recibir en el duro oficio de intentar mejorar la vida de uno mismo y de los demás. Creo que las personas más capaces de asimilar un libro como este son las que ya de antemano están mejor dispuestas para arreglar sus problemas de crisis, conflicto o encrucijada: las que ya tienen (y qué importante es esto) una posición activa. Por eso yo quiero referirme con mayor insistencia a aquellos que no la tienen tan claramente (aunque el hecho de comprar un libro sobre el tema ya es un buen indicio). Y es a ellos a los que les debo pedir con mayor insistencia una relectura más intencional o consciente. Estoy seguro de que será así en la mayor parte de las personas en esa situación. En esa relectura es preciso buscar aquellas situaciones similares a la nuestra, y debatir con el libro las posibilidades que tenemos de usar algunas de las descripciones que aquí se hacen: buscar esos esquemas cognitivos de los que hablamos, los guiones, las definiciones de la realidad. Hay que intentar usar activamente esos conceptos y concretarlos en nuestra propia vida, para hacerlos explícitos y claros a nuestra conciencia, y trabajar por su cambio. Es como ir resolviendo un rompecabezas en el que poco a poco van a ir encajando todas las novedades por las que uno lucha en esa situación de crisis. Si antes decía que éste no es un libro de entretenimiento, lo hacía, sobre todo, pensando en esta segunda lectura más intencional en la que hay que adoptar, usando la terminología nuestra, una «posición activa». El que este libro no esté concebido como un manual de instrucciones no quiere decir que no contenga en su desarrollo narrativo un conjunto de instrucciones que hay que tener en cuenta, sobre todo aquellas que forman parte del esquema general de cambio que aquí propongo (posición activa, racionalidad, revisión de esquemas, redefinición de la realidad, modificación de guiones), porque en ese esquema de cambio hay elementos fáciles de entender, aunque su ejecución no lo sea tanto. Pero entender es el primer paso de un uso mejor de estas líneas.

RAZONES ÚLTIMAS Y ÚLTIMAS RAZONES

Pero uno no escribe un libro sólo por razones altruistas o netamente egoístas: hay otro nivel de trabajo en el que un libro es productivo tanto para el lector como para el autor. Me estoy refiriendo a lo que podemos llamar el orden de las cosas, que es esa sensación tranquilizadora (cuando es real) que se produce en uno cuando siente que ha dispuesto las cosas en su mejor lugar y en el orden correcto: cada cosa en su sitio, como ironicé en algún lugar del libro, pero espero que ahora pueda añadirle a esa expresión la coletilla *en el buen sentido*.

Ordenar las cosas es bueno para el que escribe, porque le ayuda a disponer su cabeza de otra manera más clara que su cuarto de trabajo, y haciéndolo así induce también una buena idea de orden mental al lector. Yo lo he intentado. El orden, según y cómo, no es malo. Y en las cosas de la mente es bastante necesario. En una situación de conflicto es bueno intentar un orden justo de nuestras ideas y acciones, y por eso a veces pudiera parecer este libro un poco cartesiano: no puedo hacer un libro de desórdenes más que para aquellas personas que realmente necesiten eso, un poco de desorden. Son muchas, y quizá algún día valga la pena intentar algún tipo de invitación al caos, aunque pensándolo mejor, quizá haya que esperar a que la humanidad se ordene convenientemente para desordenarla un poco. No es el momento. Pero hablando de desorden, sí es bueno recordar ahora, cerrando ya estas páginas, que el desorden es el paso previo al nuevo orden, y en este sentido, como insistí en su momento, la angustia que produce ese desorden puede llevarnos (y es lo más frecuente) por la salida de la crisis absolutamente contraria a aquella que de verdad necesitamos: mirar hacia delante, aceptar el desorden, y prepararnos para ese nuevo orden que nosotros mismos vamos a construir a partir de esa superación activa de la angustia que nos quería devolver al pasado en lugar de mirar al futuro.

> *Fragmento 64 y último*: «Cuando salí de todo aquello y me puse en marcha hacia adelante con la cabeza tranquila y el ánimo dispuesto, cayó en mis manos un libro (un borrador, aún) que me había pasado un amigo para pedirme consejo sobre su contenido. Él sabía que yo andaba en esas cosas de cambio de vida porque le había contado mi situación y habíamos hablado muchas veces sobre ella. Pero no sabía que estaba escribiendo un libro. Al principio me pareció mal que escribieran mi biografía sin mi consentimiento, pero finalmente fui aceptando aquel relato porque quizá pudiera servir para que otros encontraran algún tipo de ayuda en el espejo de mis desórdenes. Sin embargo, quisiera matizar algunas cosas. Mi amigo escribe que se pasa mal en las crisis, y que adoptar una posición activa no es fácil: me parece insuficiente. En mi crisis estuve a punto de romperme del todo, y llegar a una posición activa fue una tarea casi imposible. Salir del pozo fue una aventura de la misma magnitud que esas hazañas de los libros: la batalla de Normandía, el descubrimiento de América, y cosas así. No tengo conciencia de haber salido de una pelea con un gato manso que me arañó la punta de un dedo: he salido de una noche interminable con un esfuerzo interminable. He salido, en todo caso. Pero no quisiera que nadie pensara que

modificar sus bases vitales es tan leve como en un libro pudiera parecer a veces. Es cierto que la posición activa es fundamental, pero la voluntad que sustenta a la posición activa se quiebra muchas veces, y muchas veces hay que reintentarlo, y sientes que te fallan las fuerzas, que te falla todo. Y tienes que pedir ayuda, incluso cuando maldita la gracia que te hace pedir ayuda. Y hay que seguir pateando el mundo, por más que te reviente. Y hay que seguir, a secas. Porque si te quedas clavada en ese sitio mental de la crisis, estás perdida. Yo quisiera aportar a ese libro una idea de mi cosecha absoluta, al menos en su formulación más rotunda: salir de una crisis profunda es algo que hay que currarse mucho, incluso mucho más que otras cosas importantes en la vida. Por eso, cuando se sale con bien, se sale así, derecha y hacia delante, porque una no quiere volverle a ver la cara a ese tiempo, a ese lugar. Y hay que trabajárselo no sólo con la voluntad, también con la cabeza. El uso de las capacidades mentales que aún te quedan en esos momentos más duros es fundamental para darle una satisfacción a la voluntad y para ir escribiendo de otra manera el día a día y hasta el futuro más inmediato. Ésa es mi historia, pero cada cual, supongo, tendrá la suya. La del libro se parece bastante a la mía, pero a lo mejor es que todas se parecen. No se rindan. Nunca.»